陳垣著作集

中國佛教史籍概論

陳垣 撰

上海書店出版社

出版説明

陳垣（1880—1971），字援庵，又字圓庵，廣東新會人，中國傑出的歷史學家、宗教史學家、教育家。陳垣在元史、歷史文獻學、宗教史等領域皆有精深研究，留下了十幾種專著、百餘篇論文的豐富遺産。主要著述有《元西域人華化考》《校勘學釋例》《史諱舉例》《中國佛教史籍概論》及《通鑒胡注表微》等，另有《陳垣學術論文集》行世。陳垣與陳寅恪並稱爲"史學二陳"，二陳又與吕思勉、錢穆並稱爲"史學四大家"。

本次出版的"陳垣著作集"包括曾經在我社出版的三本小書：《校勘學釋例》《史諱舉例》和《中國佛教史籍概論》。《校勘學釋例》原名《元典章校勘釋例》，是陳垣在校勘《元典章》的基礎上，條列舊刻本致誤的類例而成的校勘學專著。該書從《元典章》沈刻入手，以元刻本對校，總結概括了校勘學中的一些普遍現象和校勘方法，堪稱校勘學上的名著。書前胡適爲該書所做的序言，對本書的學術意義、成就有充分的說明，也是校勘學上的重要文獻。《史諱舉例》是陳先生在避諱學方面的一部總結性的著作，言簡意賅，學術水準很高，同時亦不失爲一本較好的普及讀物。避諱學是研究中國歷史所不可缺少的知識，辛亥革命前，遇當代帝王或所尊者之名時，必須回避，但各朝所諱不同，避諱方法也不一致，因此史書上常有因避諱而改易文字的地方，甚至改變姓名、官名、地名、書名、年號等。該書篇幅雖小，卻以豐富的例證闡明避諱學知識，令人受益匪淺。《中國佛教史籍概論》是陳垣於抗戰時期成稿的一部有關佛教史籍目錄的研究性著作，開闢了目錄學研究的新園地。全書共六卷，所列六朝以來與我國歷史息息相關的佛教史籍三十五部。陳垣先生在此書的"緣起"中寫道："本論所及，大抵爲世人所常讀，考史所常用，及《四庫》所錄存而爲世所習見之書。"士人常讀，考史常用，是因爲"中國佛教史籍，恒與列朝史事有關，不參稽而旁考之，則每有窒礙難通之史跡"。陳垣先生要通過本書揭示佛教史籍中"與史學有關諸點"，爲考史開一"新園地"，此外，還要考辨以往書目中的一些錯漏，使"初學者於此略得讀佛教書之門徑"。

本次出版在原書基礎上改正若干誤字，如《校勘學釋例》第十一"仍雲不能肖其祖禰"，"雲"應為"云"。第四十二"元制，笞杖以七為度"，"笞杖"應爲"笞杖"。第四十《元典章》禮部二沈刻本"男子裹青巾婦女滯子抹俱要各各常穿裏戴"，元刻本作"男子裹青頭巾，婦女滯抹子，俱要各各常川裏戴"，"裏"疑爲"裹"，不過不排除原刻本如此，故仍之不改。《史諱舉例》第五十三王羲之之子王徽之誤為"徽子"，改"子"為"之"。《中國佛教史籍概論》中，《歷代三寶記》條中有"齊王者宇文秦"，"宇文秦"應爲"宇文泰"。《新譯華嚴經音義》條中《華嚴經》第二譯"唐武后證聖間實義難陀"，"實義難陀"應爲"實叉難陀"。這次再版，或有未及更正處，歡迎讀者方家批評指正。

上海書店出版社
二〇二三年二月

目　錄

緣起 ………………………………………… 1

卷一 ………………………………………… 1
　出三藏記集 ……………………………… 1
　歷代三寶記 ……………………………… 5
　▲開元釋教錄 …………………………… 14

卷二 ………………………………………… 25
　高僧傳 …………………………………… 25
　續高僧傳 ………………………………… 32
　▲宋高僧傳 ……………………………… 43

卷三 ………………………………………… 55
　▲弘明集 ………………………………… 55
　▲廣弘明集 ……………………………… 61

▲法苑珠林……………………………………… 70

一切經音義

新譯華嚴經音義…………………………… 77

卷四……………………………………………… 95

一切經音義

續一切經音義……………………………… 95

輔行記 …………………………………… 105

景德傳燈錄 ……………………………… 108

▲五燈會元 ……………………………… 116

卷五……………………………………………… 125

寶林傳 …………………………………… 125

北山錄 …………………………………… 130

傳法正宗記、正宗論 …………………… 133

釋門正統

△佛祖統紀 ……………………………… 143

▲法藏碎金錄

▲道院集要 ……………………………… 153

卷六 ································· 156

　▲禪林僧寶傳 ···················· 156

　▲林間錄、後錄 ·················· 164

　▲羅湖野錄 ······················ 169

　▲佛祖通載 ······················ 172

　▲釋氏稽古略 ···················· 178

　△神僧傳 ························ 180

　△大藏一覽 ······················ 181

　△法喜志 ························ 182

　△長松茹退 ······················ 183

　△吳都法乘 ······················ 184

　△南宋元明僧寶傳 ················ 186

　△現果隨錄 ······················ 188

　　　▲者四庫著錄　△者四庫附存目

後記 ································ 189

緣　　起

中國佛教史籍，恒與列朝史事有關，不參稽而旁考之，則每有窒礙難通之史跡。此論即將六朝以來史學必需參考之佛教史籍，分類述其大意，以爲史學研究之助，非敢言佛教史也。

本論所及，大抵爲士人所常讀，考史所常用，及《四庫》所錄存而爲世所習見之書。先取其與中國史事有關者，故以《出三藏記集》、《高僧傳》等爲首，而《釋迦氏譜》、《釋迦方志》等略焉。

尤所注意者，《四庫》著錄及存目之書，因《四庫提要》於學術上有高名，而成書倉猝，紕繆百出，易播其誤於衆。如著錄《宋高僧傳》而不著錄《梁高僧傳》、《續高僧傳》，猶之載《後漢書》而不載《史記》、《漢書》也。又著錄《開元釋教錄》而不著錄《出三藏記集》及《歷代三寶記》，猶之載《唐書·經籍志》而不載《漢志》及《隋志》也。

其弊蓋由於撰釋家類提要時，非按目求書，而惟因

1

書著目，故疏漏至此。今特爲之補正，冀初學者於此略得讀佛教書之門徑云爾。

中國佛教史籍之範圍，略依《閱藏知津》，將此土撰述中之目錄、傳記、護教、纂集、音義等各類，順撰著時代，每書條舉其名目、略名、異名、卷數異同、板本源流、撰人略歷及本書内容體制，並與史學有關諸點。初學習此，不啻得一新園地也。

一九四二年九月二十三日新會陳垣

卷 一

《出三藏記集》十五卷 梁釋僧祐撰

宋、元、明南北藏皆著録，清藏獨闕。今尚無單行本，支那內學院僅抽刻其經序六卷。

三藏者，經、律、論。《出三藏記集》者，記集此土所出翻譯經、律、論三藏也。然自《歷代三寶記》以來，即有引作"集記"者，故文廷式《補晉書藝文志》引此書凡三十二回，皆誤作"出三藏集記"。

明南藏十五卷，北藏十七卷。北藏無卷六，以卷六爲卷七，又分卷十二爲兩卷，故有十七卷。嘉興藏因之。

僧祐，《梁高僧傳》十一《明律》篇有傳。名見《梁書》五十，《南史》七二文學《劉勰傳》。勰與僧祐居處十餘年，後出家名慧地。祐生宋元嘉二十二年乙酉，卒梁天監十七年戊戌，年七十四。所著尚有

《釋迦譜》、《弘明集》等，今存。

祐以前經目有多種，今所存者以此目爲最早。學者簡稱爲《祐錄》。《祐錄》中常引《安錄》，《安錄》者，東晉時釋道安所撰經錄也。

本書之體制及内容

本書爲簿錄體，在漢《藝文志》之後，隋《經籍志》之前。然其體制與外學目錄書不同。《漢志》、《隋志》只一方式而已，所謂一方式者，志前有總序，中間分類排列書名、卷數、撰人，每一類畢，總其家數，條其派別而已。本書前有總序，與外學目錄書同，中間分四方式：

一曰撰緣記，一卷。所謂"緣記"者，即佛經及譯經之起原。

二曰銓名錄，四卷。所謂"名錄"者，即歷代出經名目。此方式等於外學之《藝文志》，但不以經之内容分類，而以時代撰人分類。其次則爲異出經、古異經、失譯經及律部。又次則爲失譯雜經、抄經、疑經、注經等。異出經者，胡本同而漢譯異者也。失譯經者，遺失譯人名字者也。律爲僧祐專門，故特詳律部。抄經者，撮舉諸經大要者也。注經者，經有注解者也。疑經者，真僞未辨者也。

三曰總經序，七卷。經序即各經之前序及後記。爲文一百二十篇。支那內學院所單刻者即前六卷，後一卷則爲此土纂集諸書，如祐自纂《弘明集》等。載序之外，復載各卷篇目。幸而《弘明集》今存，不幸而其書不存，吾人亦可據此篇目，略知其書之內容爲何，此目錄學家亟當效法者也。明智旭撰《閱藏知津》即仿此。旭俗名鍾始聲，字振之，蘇州人，號蕅益大師。

四曰述列傳，三卷。列傳即譯經人之傳。前二卷外國二十二人，後一卷中國十人。由後漢至蕭齊。其史料雖爲慧皎《高僧傳》所採集，然此尚爲今所存最古之僧傳，可以考後來僧傳之因革及異同也。

本書之特色及在史學上之利用

本書之特色，全在第三方式之經序，爲其他經目所未有，可以考知各譯經之經過及內容，與後來書錄解題、書目提要等用處無異。其後記多記明譯經地點及年月日，尤可寶貴。朱彝尊撰《經義考》，每經錄其前序及後跋，即取法於此。《四庫提要》釋家類謂其取法《開元釋教錄》者，非也。

至其中之經序及後記，皆爲六朝人著作。嚴可均輯《全南北朝文》，將此書七卷全數採取，散入南北朝文中，可謂探驪而得其珠者矣。

文廷式《補晉書藝文志》釋家類，大抵採自此書。其不採《歷代三寶記》及《開元釋教錄》者，以此書撰自梁代，去晉世最近，較可信據。特未思及其撰自偏安之朝，文獻未爲該備耳。

朱彝尊之用此書，仿其體制；嚴可均、文廷式之用此書，則取其材料，各有攸當。姚振宗撰《後漢書藝文志》，集部末附釋家類，全採《開元釋教錄》，蓋未見此書。其最後一條《沙彌十慧經》，引嚴可均《全後漢文》編曰："嚴佛調《沙彌十慧章句序》，見釋藏跡字號十，又見僧祐《出三藏記》第十卷。"不知"跡字號十"即《出三藏記集》卷十，是一非二。嚴可均《後漢文》一〇六原注云："釋藏跡十、《出三藏記集》十"，無所謂又見也。即此可知姚實未見此書，且不知嚴所謂"釋藏跡十"者爲何語也。

至於本書經序及列傳中，有涉及各朝帝王及士庶者，均可爲考史資料。如吳主孫權之於支謙，宋文帝之於求那跋陀羅，以及宋彭城王義康、譙王義宣、齊竟陵文宣王子良等，皆與諸僧應接。此書撰自裴注《三國志》後，爲裴松之所未見，故魏、吳諸僧事，可補《三國志注》者尚多。杭世駿撰《三國志補注》，未能採此書一條，此杭君之疏忽也。

明末李映碧清撰《南北史合注》，欲利用此等史料，合以八書，注《南》、《北史》，實爲卓識。惜其採取未備，又不講著書體例，竄亂延壽原書，至不爲世人所重。然則此等史料之利用，尚有待於後人也。

《歷代三寶記》十五卷　隋費長房撰

宋、元、明南北藏皆著錄，清藏僅刻卷末叙目一卷。此書今尚無單刻本。

《隋志》著錄雜家類，作三卷，非字有脫訛，即是僅得其前三卷。然兩《唐志》著錄釋家類，均作三卷，可知《隋志》之誤，由來已久。姚振宗撰《隋志考證》，未見此書，僅引《法苑珠林》、《開元釋教錄》並沈濤《銅熨斗齋隨筆》七，知原書十五卷。

此書亦名《開皇三寶錄》，卷末有《上開皇三寶錄表》，嚴可均收入《全隋文》二十八。《開元釋教錄》七、《法苑珠林》百著錄，亦名《開皇三寶錄》。《通志》六七《藝文略》釋家類既出《開皇三寶錄》，復出《歷代三寶記》，焦竑《國史經籍志》四同，所謂見名不見書也。此書本爲目錄書，《閱藏知津》列入傳記類，不合，應改入目錄類。

費長房與《後漢書·方術傳》之汝南費長房同名，略歷見《大唐內典錄》五。《續高僧傳》二附《達摩笈多傳》："成都人，本預緇流，因周武廢僧還俗。隋開皇初召入京，爲翻經學士。"此書開皇十七年撰，學者簡稱爲《長房錄》或《房錄》。

本書之内容及體制

本書與梁僧祐《出三藏記集》之大分別：《祐錄》僅詳於南朝諸經，本書則兼詳北朝諸經，因所處之時代不同也。本書有三方式：

一爲帝年，三卷：卷一周、秦，卷二前後漢，卷三魏、晉、宋、齊、梁、周、隋。

每卷前有叙論，後列年表，年下間注時事、佛事，或所出經卷，頗便檢閲。

二爲代錄，九卷：卷四後漢錄，卷五魏、吳錄，卷六西晉錄，卷七東晉錄，卷八前後秦錄，卷九西秦、北涼、魏、齊、陳五錄，卷十宋錄，卷十一齊、梁、周錄，卷十二隋錄。

每卷前有叙論，次列經卷，經卷後爲譯人傳，蓋變《祐錄》之體，將列傳分隸各經之後，以便檢閲也。

三爲入藏錄，二卷：卷十三大乘經入藏目，卷十四小乘經入藏目。

蓋代錄爲歷代所出之經，入藏錄則隋代現存之經也。三方式畢，末爲序目一卷第十五，猶是馬、班以來遺法。

本書之特色

本書之特色在紀年。自司馬溫公著《通鑑》，南北朝以宋、齊、梁、陳紀年，承學之士，以爲當然。不知溫公以前，《太平御覽》、《册府元龜》等，猶以宋、齊、梁、陳爲偏霸，爲閏位。《元經》號稱法《春秋》，尊中國，猶帝北魏而黜齊、梁，其他可知矣。《元經》真僞，另一問題，其紀年與《太平御覽》、《册府元龜》等同一見解，《四庫提要》據晁、陳二氏，指爲宋阮逸作，亦非無故。但其所託名者爲文中子，則與費長房正同時，故可與《歷代三寶記》相提並論。清人勇於辨僞，而《四庫》編年類特著錄《元經》，即以其進元魏爲中國，可以悅時主耳。

《三寶記》獨不然，其紀年乃尊齊、梁而黜北魏。其卷三年表，晉後即繼以宋、齊、梁，梁後即繼以周、隋。其卷八、九雖爲前後秦及北魏、高齊等錄，然每有論述，必冠以晉、宋、齊、梁世，如晉簡文世、晉安帝世、宋孝武世、齊武帝世、梁武帝世等。其意以爲隋承周，周承梁，實得中國正統。周雖不出於中國，而能奉璽歸隋，則已將取之中國者還之中國。此固非僧人之所知，實當時之一般心理耳。

何以言之？《北齊書》廿四《杜弼傳》："弼以文

武在位，罕有廉潔，言之於高祖，高祖曰：'天下濁亂已久，今督將家屬，多在關西，黑獺常相招誘，江東復有一吳兒老翁蕭衍，專事衣冠禮樂，中原士大夫望之以爲正朔所在。我若急作法網，恐督將盡投黑獺，士子悉奔蕭衍，則人物流散，何以爲國？'"《北史》五五《弼傳》同。

高祖者，高歡。此可以見北朝士大夫之心理，蓋自晉室渡江後，南北分立者二百六十餘年，中原士夫之留北者，始終以中國爲未滅。隋之滅陳，中國之自相兼併耳，隋之滅周，乃爲中國人復興中國。故《歷代三寶記》紀年之意義，實較《通鑑》紀年之意義更爲重大。今失之於《元經》，而得之於《歷代三寶記》，禮失求野，孔子所由問禮於老聃也。雖其中不無小誤，如卷三以乙亥爲魏甘露元年之類，誤移前一年；又有開皇十八年以後甲子，顯爲後人附益，究與大體無傷，此本書之特色也。

本書在史學上之利用

本書卷四後漢錄，有經二百五十九部；卷五魏、吴録，有經二百七十一部；卷六、七東西晉録，有經七百十八部；卷八、九前後西秦、北涼録，有經二百二十三部，皆可爲補後漢、三國、晉《藝文志》者之用，惜乎利用之者尚未有其人也。

《隋志》舊事類有《天正舊事》三卷，釋亡名撰。天正者，梁末豫章王及武陵王年號，二人皆以天正紀元，時人謂"天者二人，正者一止"，二人一年而止也。語見《梁書》五五及《南史》五三。釋亡名所撰，殆即梁末時舊事，亡名蓋遺民之抱有國破家亡之痛者也。章宗源《隋志考證》此條下不着一字。姚振宗知爲即別集類著録之周沙門釋亡名，然因未見《續高僧傳》，不能道其詳。不知《歷代三寶記》亦有《釋亡名傳》，且爲《續高僧傳》七所自出，其史料尤爲可貴。

《三寶記》十一《周沙門忘名傳》略云：武帝世，沙門釋忘名，俗姓宗，諱闕殆，南陽人。爲梁竟陵王友，梁敗出家，改名上蜀。齊王入京，請將謁，帝以元非沙門，欲逼令還俗，並遣少保蜀郡公别書勸喻，報書言六不可。其後云："鄉國殄喪，宗戚衰亡，貧道何人，獨堪長久。誠得收跡山中，攝心塵外，支養殘命，敦修慧業，此本志也。如其不爾，安能憒憒久住閻浮地乎！"

齊王者宇文泰第五子憲，少保蜀郡公者尉遲迴，皆《周書》有傳。諱闕殆者，取《論語》"多見闕殆"之義，言其諱已闕失也。《佛祖統紀》續藏本卅八，乃云："梁補闕宗殆，以學行知名。梁亡，棄官出家，號無名。"頻伽藏本《統紀》卅七，又作"梁補闕宗始"。按補闕之官，始於唐武后，梁時安得有補闕？僧人不學，殊可笑。

忘名所著書尚有《至道論》、《淳德論》、《遣執論》、《不殺論》等，《三寶記》著録，大抵皆有關人心世道之書，而以佛教之言出之；集十卷，《隋志》以次後周儀同宗懍集後。宗懍者，亦南陽人，梁吏部尚書，梁亡入周，拜車騎大將軍，儀同三司。著《荊楚歲時記》，今存於世。

忘名即宗懍宗人，而姚氏引明馮惟訥《詩紀》、嚴可均《全後周文》，均誤亡名爲俗姓宋，殊失其義。明南北藏本皆誤，惟麗藏不誤，頻伽本出於麗藏，亦不誤。宗爲南陽望族，《宋》、《齊》、《梁書》皆有聞人。趙明誠《金石錄》十八，據宗資墓前刻石，知《後漢書》列傳卅一之宋均，應作宗均。《鐵橋漫稿》四《對王氏問》，引范書《南蠻傳》作宗均，故《全後漢文》廿七亦作宗均，是也。《隋志》次亡名集於宗懍與王褒、蕭撝、庾信之間，最爲有意，曰：

後周儀同宗懍集十二卷，

後周沙門釋忘名集十卷，

後周少司空王褒集二十一卷，

後周少傅蕭撝集十卷，

後周開府儀同庾信集二十一卷。

諸人皆梁亡入周，腼然冠帶，文人無節操至此，相形之下，和尚愧煞宗人矣。無錫丁氏編《全北周詩》，亦謂釋亡名姓宋，且分無名法師與釋亡名爲二人，皆未能利用頻伽本《三寶記》也。

《隋志》別集類又有陳沙門釋靈裕集四卷，姚氏引《法苑珠林》、馮氏《詩紀》，知爲相州大慈寺沙門，是也。《歷代三寶記》十二有《靈裕傳》，裕久住相州，即今彰德，地屬北齊。周既滅齊，復爲隋滅，裕飽經憂患，乃杜門不出，"開皇十年降敕所部，追裕入京，至見闕庭，勞問慇重。到未幾何，頻辭請退，乃云不習水土，屢覺病增。十一年放還歸鄴"。蓋亦沙門之有篤識高行者。所著有《安民論》、《陶神論》、《因果論》等，皆有關人心世道之書，而以佛教之言出之，與亡名同。《三寶記》著錄。然裕未嘗受陳供養，《隋志》列入陳朝，殆爲錯簡，可以《三寶記》證之也。《續高僧傳》九《靈裕傳》，即本於《三寶記》而加詳。

又《隋志》醫方類有《龍樹菩薩和香法》二卷，姚氏未有考證。此書亦見《三寶記》九，一卷。注云："凡五十法，梁武帝世，中天竺國三藏法師勒那摩提，或云婆提，魏言寶意，正始五年來，在洛陽殿內譯。"卷九者元魏錄，正始者元魏年，然必冠以"梁武帝世"者，所謂以梁爲正朔，與《元經》異者也。《開元錄》六以此方非三藏教，置諸應刪之列。姚氏曾見《開元錄》，特未注意此條耳。

又《隋志》地理類《洛陽伽藍記》五卷，今存，《四庫》著錄。近世吳若準集證本，號稱最善，然楊衒之自序，見《三寶記》九，與今本異同數十字，皆比今本爲長。其最關史實者，爲今本"武定五年，歲在丁卯，余因行役，重覽洛陽"句。《三寶記》作"武定元年中"，無"歲在丁卯"四字，諸家皆未校出。據藏本，則此四字當爲後人所加，惜吳氏未見《三寶記》也。嚴氏《全北齊文》二見之，而亦未校出，蓋從前校書者多注意詞句，而忽略事實也。

《開元釋教錄》二十卷　唐釋智昇撰

宋、元、明南北藏、清藏皆著錄，南京刻經處有單行本。晁氏《讀書志》及明北藏目錄作三十卷，書實二十卷，不過中有一卷分爲上下者耳。

《舊唐志》悉本毋煚《古今書錄》，止於開元，與智昇此錄同時，故此錄不見於《唐志》。《新唐志》載智昇《續大唐內典錄》一卷，而不載此錄，《通志·藝文略》因之，皆不知有此錄也。清《四庫》著錄釋家類，《書目答問》亦載之，謂其有關考證。然釋典有關考證者衆矣，豈獨此區區數種。

智昇，《宋高僧傳》五有傳。錄撰於開元十八年庚午，距開皇十七年丁巳撰《歷代三寶記》之時，凡百三十三年。

本書之內容及體制

本書分兩方式：

甲、總錄　以譯人爲主，分十九朝代記之，末附諸家目錄，凡十卷。

卷一漢、魏，卷二吳、晉，卷三東晉、苻秦，卷四姚秦、西秦、前涼、北涼，卷五宋，卷六齊、梁、元魏、高齊，卷七周、陳、隋，卷八、卷九唐，卷十諸家目錄。

每朝代先記其國姓、都城、幾帝幾年、譯者幾人、所出經幾部幾卷、見存幾部、亡幾部，然後按人記其所出經及本傳，凡一百七十六人。

乙、別錄　以經爲主，分七類記之，末爲入藏錄，亦十卷。

一、有譯有本錄。中又分三：曰菩薩藏，大乘教也；曰聲聞藏，小乘教也；此外曰聖賢傳記。

二、有譯無本錄。名存本闕者也。

三、支派別行錄。大部之中鈔出別行者也。

四、刪略繁重錄。同本異名，或廣中略出者，並刪除之。

五、拾遺補闕錄。舊錄闕題，新翻未載者，並詳具之。

六、疑惑再詳錄。《四庫提要》誤"再詳"爲"再譯"。

七、僞妄亂真錄。大乘入藏錄，小乘入藏錄。

本書之得失

凡事創者難爲功，因者易爲力，著書亦然。《開元錄》之前，已有諸家目錄及僧傳，此書集諸家之成，而補其闕漏，訂其訛誤。有舊錄以爲失譯而並未失譯者，有舊錄未詳時代而今已知其時代者，有舊錄譯人誤而今特正之者，可稱後來居上。

又如總錄卷四，於北涼之前，特補前涼一代，爲前此諸錄所未載。智昇於所出《須賴經》後記及《首楞嚴經》後記發見之，乃補一代，略曰：

前涼張氏，都姑臧，從晉年號。自張軌永寧元年辛酉，至天錫咸安六年丙子，凡八主，七十六年。外國優婆塞一人，譯經四部，六卷，見存一部，亡三部。優婆塞支施崙，月支人，博綜衆經，來游涼土，張公見而重之，請令翻譯。以咸安三年癸酉，於涼州内正聽堂後湛露軒下，出《須賴經》等四部。龜兹王世子帛延傳語，常侍西海趙瀟、會水令馬亦、内侍來恭政三人筆受，沙門釋慧常、釋進行同在會證。

張軌者，《晉書》八十六有傳。永嘉之亂，中原淪陷，涼土與中朝隔絶，張軌父子崎嶇僻壤，世篤忠貞，雖困苦艱難，數十年間，猶奉中朝正朔，此最難能而可貴者也。智昇爲補一朝，殊有意義。近人撰《晉書斠注》，於張軌孫張駿傳，曾引近出之《流沙墜簡》，書建興十八年，知張氏迄駿之世，未嘗建元，以證《玉海》謂駿改元太元之誤。惜其未見《開元錄》此節，張氏不獨始稱西晉愍帝建興年號，其末仍用東晉簡文帝咸安年號，此爲希有史料，不必於地下求之，特學人未之注意耳。當中原雲擾之日，涼州道俗，翻經不輟，試思湛露軒中，其好整以暇爲何如也。此本書之特點也。

惟本書注重翻譯，而忽略本土著述，以故中土高僧言論，多被刪除。如《歷代三寶記》卷七東晉出經道俗凡二十七人，卷八前後秦出經道俗凡十六人，卷十一、十二齊、梁、周、隋出經道俗凡七十人。今本書東晉只取十六人，二秦只取十一人，齊、梁以後，刪削尤多。以至最著名之高僧慧遠所出經論十四部，支道林所出七部，道安所出二十四部，僧肇所出四部，周亡名所出十二部，隋靈裕所出八部，皆遭擯落。甚至唐代最有名而現存之《法苑珠林》百卷，亦不著錄。《大唐內典錄》卷十特有歷代道俗述作一門，專載此土高僧及名人言論，本書總錄既刪《三寶記》，別錄又不採《內典錄》歷代道俗述作一門，此其失也。

本書在史學上之利用

清人撰《後漢書藝文志》者五家：

錢大昭、侯康不錄釋氏書。

顧櫰三於子部佛書，僅據《隋志》著録五部。

曾樸於卷末附佛經四十部，卷數可考者，一百六十七卷。

姚振宗於卷末附録佛經二百九十五部。

曾書大抵從《梁高僧傳》漢時譯經諸人傳鉤出所譯經名，而以今本《嘉興藏目録》考其卷數，觀其所注藏經千文字號可知也。然佛經同名異譯者甚多，今本《嘉興藏目録》本爲當時售經而作，故又名"經值劃一目録"，每經只注價目，不注撰人，又安能據目即知爲何人所譯，因此誤收及失收者甚多。如《嘉興藏目》"龍"字至"字"字，《大寶積經》一百二十卷，本唐譯，曾氏誤以爲後漢支讖譯。夫後漢之時，安能一人出經一百二十卷，此常識也。曾氏因《支讖傳》云："《阿闍世王寶積》等十餘部，似讖所出"，遂以《藏目》所載《大寶積經》爲支讖出，此郢書燕説也。

今《嘉興藏目》有惟字《佛説阿闍世王經》二卷，支讖譯也，曾氏反未能採入。且於支讖《阿闍世王寶積經》下注云："藏經寶積部，龍字至字一百二十卷"，不知《藏目》所謂"龍字至字字"者，"龍師火帝"至"始製文字"十二字號也。今注曰"龍字至字"，蓋未諳《藏目》千文之用者也。《藏目》大約每十卷一號，《大寶積經》百二十卷，故有十二號。姚書則全採《開元錄》卷一之後漢錄，有經二百九十五部，與顧、曾二家所得，不啻數倍乃至數十倍，知難行易，信然矣。

清人撰《三國藝文志》者二家：

侯氏不錄釋氏書。

姚氏於卷末附佛書二百零一部，亦用此法。由此推之，則補《晉志》亦可用此法，然清人補《晉志》者五家，尚未有用之者，不能不推姚氏為捷足也。

補《晉志》五家，謂吳士鑑、丁國鈞、文廷式、秦榮光、黃逢元。丁、黃不錄釋氏。

晁氏《讀書志》正誤

晁氏《讀書後志》書目類云："《開元釋教錄》三十卷，唐僧智昇撰。智昇在開元中，纂釋氏諸書入中國歲月及翻譯者姓氏，以《楞嚴經》為唐僧懷迪譯。

張天覺以懷迪與菩提流支同時，流支，後魏僧，其言殆不可信。"

天覺者，張商英，宋觀文殿大學士。喜談禪，自謂得當時高僧兜率悦之傳，《五燈會元》十八有傳，媚之者至稱爲"相公禪"，見《避暑錄話》上。曾撰《護法論》一卷，攻擊儒家，俞文豹《吹劍錄外集》謂此論爲洪覺範假張名所著，是否另一問題。然明南北藏及清藏著錄《護法論》，皆稱張商英撰。商英與洪覺範往來，且見《宋史》三五一本傳，其於佛教非門外漢可知也。

菩提流支者，北魏僧，見《續僧傳》一、《開元錄》六；菩提流志及懷迪者，唐僧，均見《開元錄》九、《宋僧傳》三。兩流支雖同名，然相距三朝，垂二百年，商英乃混而爲一，抑何陋耶！商英謂《開元錄》之言不可信，吾謂商英之禪尤不可信。晁氏既採其説，馬端臨《經籍考》復採晁氏説，謬説相傳，不容不辯。

《四庫提要》正誤

《四庫提要》成書倉卒，謬誤本多。惟釋家類著錄十三部，存目十二部，謬誤尚少，此必稍通佛學者所爲。吾嘗考之，四庫館員中以佛學名者無幾，吾頗疑其出於歷城周書昌永年也。

纂輯《四庫全書》之議，雖發自朱竹君筠，然與周永年之《儒藏說》，亦頗有關係。乾隆三十七年正月，下令徵書。三十八年二月，依朱筠條議，於《永樂大典》中蒐輯遺籍，命名《四庫全書》。五月，令將各省進到之書，分別應刊、應鈔、應存目三項，彙爲總目，並各撰提要。七月，詔將進士邵晉涵、周永年、余集，舉人戴震、楊昌霖，調取來京，同司校勘。邵、周爲劉統勳所保薦，周則統勳鄉人也。

嘗閱王述庵昶《春融堂集》四十五《再書楞嚴經後》，有云："今天下士大夫能深入佛乘者，桐城姚南青範、錢塘張無夜世犖、濟南周永年書昌及余四人，其餘率獵取一二桑門語，以爲詞助，於宗教之流別蓋茫如。"

此文撰於乾隆三十六年辛卯。昶時在雲南軍營效力，範以是年正月卒，世犖曾撰《楞嚴宗旨》，乾隆九年舉人，當卒在前，永年則以是年成進士。越二年,即開四庫全書館。

今《四庫提要》《開元釋教錄》條下,注云"江西按察使王昶家藏本",而存目《正宏集》條下,則注云"編修周永年家藏本"。吾因此頗疑釋家類提要出永年手,故舛誤尚不多也。

《提要》好採晁氏説,獨《開元錄》條不然,最爲有見。惟謂"佛氏舊文,兹爲大備,亦兹爲最古,所列諸傳,尤足爲考證之資"云云,則殊未盡然。撰者蓋未見《出三藏記集》及《歷代三寶記》等,故以此爲最古;又未見慧皎、道宣等《高僧傳》,故以此爲無上考證之資。而不知《開元錄》諸傳,實採自皎、宣二家之書,智昇所自撰者無幾也。

又謂"朱彝尊作《經義考》,多與此符",其説亦不足據。《經義考》每經錄其前序及後跋,蓋取法《出三藏記集》。撰《四庫提要》者只見《開元錄》,未見《出三藏記》,聞人言朱取法釋家目錄,遂以爲《開元錄》耳。《開元錄》前十卷以譯人爲主,與《經義考》之以書爲主者不同;後十卷雖以經爲主,而不錄經序及後記,又與《經義考》不同,正不必强爲附會。至謂"《隋書》載王儉《七志》，以道、佛附見，合爲七門"。七門當爲九門，王儉《七志》，道、佛固在《七志》外也。

卷　　二

《高僧傳》十四卷　梁釋慧皎撰

宋、元、明、清藏皆著録。

慧皎,《續高僧傳》六有傳,事跡不詳。梁元帝撰《金樓子·聚書》篇,有"就會稽宏普惠皎道人搜聚"之語,則其富於藏書可想。

又《高僧傳》卷三末譯經論有曰:"頃世學徒,唯慕鑽求一典,謂言廣讀多惑,斯蓋墮學之辭,匪曰通方之訓。何者?夫欲考尋理味,決正法門,豈可斷以胸衿,而不博尋衆典。"則其主張博覽,反對空疏又可想。

《隋志》雜傳類有《高僧傳》十四卷,列寶唱《名僧傳》後,題釋僧祐撰,此今本《隋志》之誤也。此書蓋即慧皎撰,試分四節辨明之:

一、何以知此書非僧祐撰?曰僧祐未聞著此書。

寶唱爲僧祐弟子，此書果僧祐撰，似不應列寶唱書之後。

二、何以知此書爲慧皎撰？曰此書卷數與皎書合。皎書本爲不滿"名僧"二字而作，今此書列《名僧傳》後，故知爲皎書。

三、何以知古本《隋志》不誤？曰兩《唐志》於唐以前書多同《隋志》。今《唐志》皆作《高僧傳》十四卷，惠皎撰，而無僧祐《高僧傳》，以此知古本《隋志》不誤也。

四、何以慧皎能誤爲僧祐？曰慧皎與僧祐皆梁僧。僧祐行輩高，名器盛，著述存者較多；慧皎所著，存者僅此書，故易誤爲祐也。姚振宗《隋志考證》已辨其誤。《四庫》不著錄此書，未見此書也；《書目答問》載此書，以有海山仙館刻本也。

本書十三卷，敘目一卷在後，爲十四卷。據敘，本書所載事跡，終於梁天監十八年，然慧皎至梁承聖三年乃卒，見本書後記。海山仙館本將目錄改在卷首，雖便檢閱，究失古意。近年金陵刻經處有單刻本，題爲初集，名亦不古。學者普通稱爲《梁高僧傳》或慧皎《高僧傳》，以別於後出之書。

本書之主旨及內容

本書以高僧爲名，本有超絕塵世之意。當時僧衆猥濫，狥俗者多，故慧皎之論，每爲時所不喜。慧皎自序於歷數諸家僧傳之失後，特辯之曰："前之作者，或嫌繁廣，抗跡之奇，多所遺削，謂出家之士，處國賓王，不應勵然自遠，高蹈獨絕，尋辭榮棄愛，本以異俗爲賢，若此而不論，竟何所紀。"

又曰："前代所撰，多曰名僧，然名者實之賓也，若實行潛光，則高而不名；若寡德適時，則名而不高。名而不高，本非所紀，高而不名，則備今錄。"故此書之作，實爲一部漢魏六朝之高隱傳，不徒詳於僧家事跡而已。

本書爲類傳體，凡分十門。每門之後，系以評論：一譯經，三卷；二義解，五卷；三神異，二卷；四習禪，五明律，共一卷；六亡身，七誦經，共一卷；八興福，九經師，十唱導，共一卷。

自後漢至梁初，凡二百五十七人，附見者又二百餘人。後之作者，都不能越其軌範。惜爲時地所限，詳於江左諸僧，所謂"僞魏僧"僅得四人，此固有待於統一後之續作也。

本書在史學上之利用

本書未有單刻本之前，只有藏本，學者少見。丁丙《善本書室藏書志》二十二有孫淵如藏鈔本，嘉慶十二年丁卯孫星衍手記云："慧皎《高僧傳》，《四庫全書》未及收。余讀釋藏於金陵瓦官寺見之，頃官安德，借錄此本。僧人事跡，率多文人粉飾，然六朝士夫，無所自存，遁入釋道，故多通品，辭理可觀，且足資考史，地方古跡亦可借證，實爲有用之書"云云。故孫星衍《續古文苑》十一有慧皎《高僧傳序》，注云："《四庫書》未錄《梁高僧傳》，故此序不傳。"其實何嘗不傳，特學者未之注意耳。

《平津館鑒藏記》書籍補遺又有明版姜家印行本，謂："《通鑑》宋文帝元嘉十年，沮渠牧犍改元永和，此書《浮陀跋摩傳》作承和，與《北史》同，足資考證。"按北凉沮渠牧犍，《魏書》、《北史》均作改年承和，《御覽》一二四引《十六國春秋·北凉錄》作永和，《通鑑·宋紀》元嘉十年條因之，故紀元諸書，多以永和爲正。據此書卷三《浮陀跋摩傳》茂虔承和五年丁丑，即宋元嘉十四年，與《魏書》、《北史》合，則"永"實誤文也。

《世説新語》爲説部最通行之書，其中關涉晉僧幾二十人，此二十人中，見於《晉書·藝術傳》者僅佛圖澄一人，然十之九皆見《高僧傳》。

支道林在當時最負高名，《世説》中凡四五十見，應入《晉書·隱逸傳》，然《晉書》遺之。《高僧傳》四有長傳，而支道林始末畢見。

竺法深亦負高名，《世説》中凡五六見，劉孝標注謂："法深不知其俗姓，蓋衣冠之胤也。"據《高僧傳》四，則法深者僧名潛，晉丞相王敦之弟，年十八出家。永嘉初避亂過江，年八十九卒。晉孝武帝悼之曰："法師理悟虛遠，風鑒清貞，棄宰相之榮，襲染衣之素，山居人外，篤勤匪懈。"何得謂不知俗姓。且法深卒年八十九，亦可訂《世説》注七十九之誤。

又《世説·言語》篇，庾法暢造庾太尉條，注謂："法暢氏族所出未詳。"《文學》篇北來道人條注，引庾法暢《人物論》，亦作庾。《高僧傳》四作康法暢著《人物始義論》，自當以康爲正，今本《世說》因下文庾太尉句而誤耳。魏晉沙門，依師爲姓，故姓支、姓康者，皆外國姓，非本姓。《言語》篇支道林養馬條，注謂："支道林本姓關氏。"《文學》篇康僧淵初過江條，注謂："僧淵氏族所出未詳。"正與康法暢同例。若果姓庾，則中國姓也，何云"氏族所出未詳"？此嚴可均《全晉文》所以據《高僧傳》而知今本《世說》誤也。

葉德輝輯《世說》注引用書目，於庾法暢《人物論》下云："《高僧傳》引作康法暢，兩書必有一誤。"而未斷爲誰誤，蓋未細考耳。

范蔚宗被殺，門有十二喪，無敢近者，釋曇遷抽貨衣物，爲營葬送，《宋書》六九、《南史》三三《范傳》皆不載，亦見於《高僧傳》十三《遷傳》。

《梁書》二十二《南平王偉傳》："偉，太祖第八子，初封建安王，天監十七年改封南平郡王。性多恩惠，尤愍窮乏，常遣腹心左右，歷訪閭里人士，其有貧困吉凶不舉者，即遣贍恤之。太原王曼穎卒，家貧無以斂，友人江革往哭之，其妻兒對革號訴，革曰：'建安王當知，必爲營埋。'言未訖而偉使至，給其喪，事得周濟焉。"《南史》五二同。

江革見《梁書》卷三十六："豫章王綜長史，隨鎮彭城，城失守，爲魏人所執。魏徐州刺史元延明，聞革才名，厚加接待，革稱患脚不拜，延明將加害，見革辭色嚴正，更相敬重。時祖暅同被拘執，延明使暅作欹器漏刻銘、革作丈八寺碑，革辭以囚執既久，無復心思，延明逼之愈苦，將加筆撲，革厲色言曰：'江革行年六十，不能殺身報主，今日得死爲幸，誓不爲人執筆。'延明知不可屈，乃止。日給脫粟三升，僅餘性命。值魏主請中山王元略反北，乃放革及祖暅還朝。"《南史》六十同。

吾人讀此二傳，知南平王之高義，江長史之忠貞，然王曼穎何人，僅知其貧無以斂而已。夫天下貧士多矣，苟別無所表見，則貧何足尚。及讀《高僧傳》末附曼穎與慧皎往復書，乃知皎撰《高僧傳》，曾與商榷義例，既成，曾請其掎摭利病，並稱其"學兼孔釋，解貫玄儒"，則曼穎不徒以貧見稱，實爲梁初之高士，宜江革與之爲友。《廣弘明集》廿四採此二書；孫星衍《續古文苑》八載曼穎一文，亦根據此傳；嚴可均輯《全梁文》亦採之；姚振宗考《隋志》雜傳類補《續冥祥記》，亦利用此等史料以考王曼穎，而王曼穎乃真不朽矣。

《續高僧傳》三十卷　唐釋道宣撰

明、清藏本四十卷。《大唐內典錄》五、《開元釋教錄》八均作三十卷。《舊唐志》雜傳類連出兩部，一作二十卷，一作三十卷。《新唐志》釋氏類重出三部，兩作道宗，卅二卷；一作道宣，二十卷。晁氏傳記類著錄三十卷，曰："唐僧道宣撰，《藝文志》作道宗"，則《唐志》之誤已久。

道宣，《宋高僧傳》十四有傳。嘗隱終南山，與處士孫思邈至契。唐以來言律學者，莫不宗南山，故律宗又稱南山宗焉，道宣即南山宗祖師也。乾封二年卒，年七十二。

本書之體制及內容

本書繼慧皎書而作,故名《續高僧傳》。今單刻本稱《續高僧傳二集》,既曰續,又曰二集,殊不詞。

本書體制,與皎書大略相同。亦分十科,改神異爲感通,增護法,經師、唱導則合爲雜科,故其數仍十:一譯經,四卷;二義解,十一卷;三習禪,五卷;四明律,五護法,六感通,各二卷;七遺身,八讀誦,九興福,十雜科,各一卷。每一科畢,亦系以論述,與皎書同。皎書著於偏安之時,故多述吳、越,而略於魏、燕;《續傳》著於統一之時,文獻較備,故搜羅特廣。

道宣自序稱:"始梁之初運,終唐貞觀十有九年,一百四十四載。"此初成書之序也。今考本書記載,有至麟德二年者:卷四《玄奘傳》,奘卒於麟德元年;明藏本卷廿八《明導傳》,麟德元年猶未卒;《曇光傳》敘事稱"今麟德二年";又卷卅五《法冲傳》云:"今麟德,年七十九矣。"其他卒於貞觀十九年

33

後，永徽、顯慶、龍朔年間者，二十餘人。則是書實止於麟德二年，即宣公之卒前二年，距初成書之時，已二十年矣。

自序又言正傳三百三十一人，一作三百四十人，附見一百六十人。今考本書正傳凡四百八十五人，附見二百十九人，與自序絕異，是當注意者也。普通撰提要者多據自序，而不數本書，往往失之。蓋成書之後，續有纂入，事所恆有也。

本書在史學上之利用

當紛亂之世，道人雖離俗出家，然每與政治不能無關係。《續高僧傳》卅《真觀傳》言："開皇十一年，江南叛反，羽檄競馳，時元帥楊素以觀名聲昌盛，謂其造檄，既被嚴繫，將欲斬決，責曰：'道人當坐禪讀經，何因妄作檄書，罪當死不？'觀曰：'道人所學，誠如公言，然觀不作檄書，無辜受死。'素大怒，將檄以示：'是你作不？'觀讀曰：'斯文淺陋，未能動人，觀實不作，若作過此。'乃指摘五三處曰：'如此語言，何得上紙。'素既解文，信其言，乃令作

《愁賦》，釋之。"今《全隋文》卅四所載《愁賦》，即出於此。

《續高僧傳》廿一《智文傳》言："智文姓陶，丹陽人。有陳馭寓，江海廓清，宣帝命旅，尅有淮、泗，一戰不功，千金日喪，轉輸運力，遂倩衆僧。文深護正法，不懼嚴誅，乃格詞曰：'聖上誠異宇文廢滅三寶，君子爲國必在禮義，豈宜以勝福田爲胥作之役，非止延敵輕漢，亦恐致罪尤深。'有敕許焉，事即停寢。"格詞者，不服之詞也。陳與周戰，人夫不足，倩僧輸運，文爲詞格之。《全陳文》十八選此文，亦本此傳，而云"智文未詳"，當是偶漏。

《隋志》著録之書，有非《續高僧傳》不能解釋者，姚氏爲《隋志考證》，因未見此書，遂多窒礙。如儀注類有《僧家書儀》五卷，釋曇瑗撰；別集類又有陳沙門釋曇瑗集八卷，此曇瑗見《續高僧傳》廿一，云："曇瑗，金陵人，才術縱橫，子史周綜，有陳之世，無與爲鄰。帝以瑗爲國之僧正，令住光宅，苦辭以任，而栖託不競，閉門自檢，非夫衆集，不妄經行，慶弔齋會，了無通預。每上鍾阜諸寺，觸興賦詩，覽物懷古。以太建年中卒，春秋八十有二。著《十誦疏》十卷、《僧家書儀》四卷、別集八卷，見行於世。"此正《隋志》所著錄者也。《隋志》《書儀》多一卷。

又《隋志》醫方類，有《療百病雜丸方》三卷、《論氣治療方》一卷，釋曇鸞撰。此曇鸞爲北魏時淨土宗大師，見《續高僧傳》六，云："曇鸞或爲巒，雁門人，家近五臺山。時未志學，便即出家，承江南陶隱居方術所歸，海内宗重，遂往從之。既達梁朝，時大通中也，乃通名云：'北國虜僧曇鸞故來奉謁。'時所司疑爲細作，推勘無有異詞，以事奏聞，帝曰：'斯非覘國者，可引入重雲殿。'問所由來，鸞曰：'欲學佛法，恨年命促滅，故來遠造陶隱居，求諸仙術。'帝曰：'此傲世遁隱者，比屢徵不就，任往造之。'鸞尋致書通問，及屆山所，接對欣然，便以仙經十卷，用酬遠意。辭還魏境，機變無方，調心練氣，對病識緣，因出《調氣論》，著作郎王邵隨文注之。"據此，則今本《隋志》"論氣"應作"調氣"，近影印元大德本《隋志》已誤，可以此傳校之也。

又《隋志》別集類,有陳沙門釋洪偃集八卷,此洪偃見《續高僧傳》七,云:"洪偃俗姓謝氏,會稽山陰人。風神穎秀,弱齡悟道,英詞錦爛,又善草隸,故貌、義、詩、書,號爲四絕。梁太宗在東朝,愛其儁秀,欲令還俗,引爲學士,偃執志不迴,屬戎羯陵踐,兵饑相繼,因避地縉雲,又寇斥山侶,遂越嶺避難。俄而渚宮陷覆,便事東歸,以天嘉五年終於宣武寺。偃始離俗,迄於遷化,惟學是務,每緣情觸興,輒叙其致,成二十餘卷,值亂零失,猶存八軸,陳太建年學士何儁上之。"此即《隋志》所著錄者也。

又《隋志》楚詞類,有《楚詞音》一卷,釋道騫撰。姚氏《考證》僅據本志序,言"隋時有釋道騫,善讀《楚詞》,能爲楚聲,至今傳《楚詞》者,皆祖騫公之音"而已,此外無所發明。不知此道騫《續高僧傳》卅作智騫,與作《一切經音義》之玄應同附《智果傳》,略云:"沙門智騫,江表人。遍洞字源,精閑《通俗》,晚以所學,退入道場,自秘書正字,讎校著作,言義不通,皆諮騫决,即爲定其今古,出其人世,變體詁訓,明若面焉。造《衆經音》及《蒼

37

雅》、《字苑》，宏叙周贍，達者高之，家藏一本，以爲珍璧。"又《續高僧傳》十一《法侃傳》注言："侃初立名，立人安品，後值內道場沙門智騫曰：'侃之爲字，人口爲信，又從川字，言信的也。'因從之。"則騫爲字學專家又多一證。本傳雖未明言其著《楚詞音》，然既通字學，復造《衆經音》，其爲《隋志》之道騫無疑。凡此皆有關於考史，不徒作僧傳讀而已。

《全南北朝文》正誤

嚴氏《全南北朝文》，曾利用此書，然有極可笑者。蓋卷軸既繁，雖號稱縝密，亦不能無誤，要在後學爲之糾正耳。

《續高僧傳》一《拘那羅陀傳》："拘那羅陀，陳言親依，譯言眞諦，諦止廣州王園寺。時宗、愷諸僧欲延還建業，會揚輦碩望，恐奪時榮，乃奏曰：'嶺表所譯衆部，言乖治術，有蔽國風，可流荒服。'帝然之，故南海新文，有藏陳世。"此言眞諦法師門徒僧宗、智愷等欲迎法師還建業，建業諸僧妬之，乃奏言眞諦新譯《唯識》等論，有乖治術，可流荒服，不令其還都。時稱建業爲揚都，揚輦即指揚都。《全陳文》十七乃以揚輦爲人姓名，而載其奏流拘那羅陀文，於揚輦略歷，注云未詳，不知揚輦非人名也。

又《續高僧傳》九《道莊傳》，言："道莊，建業人，初聽彭城寺瓊法師，禀受《成實》，宗匠師表，門學所推。瓊後年疾相侵，將欲傳緒，通召學徒，宗猷顧命，衆咸揖謝於莊，允當遺寄，瓊曰：'莊公學業優奧，誠如弘選，然其首大足小，終無後成，恐其徒轍餘宗耳。'遂不行衆議。"此寶瓊法師批評道莊不足當遺寄也。《全後周文》廿二引此，乃作"宗猷遺瓊法師書"，而於宗猷略歷，無一言注釋，不知宗猷亦非僧名也。《真觀傳》言："觀聲辯之雄，最稱宏富，自爾詞人，莫不宗猷於觀。"宗猷猶言推舉耳。嚴君因有"允當遺寄"句，將"寄"字連下讀，遂以瓊語作遺瓊書，此大誤也。

《全唐文》亦嘗利用此書，然時有錯誤。如卷九一六吉藏《上元宗遺表》，見於《續高僧傳》十一，藏，武德六年臨終遺表於帝，帝當指唐高祖。《全唐文》乃引作元宗，此是偶誤，然相距百年矣。

本書板本異同

本書現在通行者有三種本：

一爲三十卷本，即高麗本及頻伽本是也。

一爲三十一卷本，即宋、元本，磧砂藏本是也。

一爲四十卷本，即嘉興藏本及揚州本是也。

宋、元本於麗本卷二十及二十五後，各增一卷，又於麗本卷二十七、二十八合爲一卷，故總數比麗本多一卷，是爲三十一卷。

宋、元本正傳多麗本七十一人，附傳多麗本七人。然今頻伽本已將麗本所無者，悉照宋、元本增入，附於各卷之末。今將各卷所增人數列後：二十卷後增正傳二十人，附三人；二十二卷增四人；二十三卷增二人；二十四卷增五人；二十五卷增一人；二十五卷後又增正傳三十九人，附四人。

明本與宋、元本內容相同，惟分爲四十卷，與宋、元本異。唐元和中慧琳《一切經音義》卷九一至九四、晉天福中可洪《藏經音義隨函錄》卷二十七、二十八，爲《續高僧傳》音義，均作三十卷，且無卷二十與卷二十五後所增諸傳之音。因此知增多七十餘傳，自宋始；分爲四十卷，自明始。

然此增多之材料何來？是宣公原文否？曰：宣公自撰《大唐內典錄》五，於《續高僧傳》外，尚有《後集續高僧傳》十卷。《開元錄》八只載《續傳》三十卷，謂："《內典錄》更有《後傳》十卷，尋本未獲。"頗疑今宋、元本所增之七十餘傳，即《後集》之文，宋人取以入之《續傳》，故其中多卒於貞觀十九年以後、麟德二年以前，若不是宣公原文，則有卒於乾封二年以後者矣。又疑《舊唐志》何以連出《續高僧傳》二部，其一部本爲《後傳》十卷，傳寫誤也。

然明本何以分爲四十卷？則以此書自《開元錄略出》以來，即分爲四帙，編入內、左、達、承四號，宋、元藏因之。慧琳、可洪《音義》均作三十卷四帙可證，明本蓋每一帙分爲十卷也。

楊氏《訪書志》質疑

楊守敬《日本訪書志》十六載《續高僧傳》四十

卷，注曰："宋刊摺子本"，又曰："此本亦宋嘉熙三年安吉州資福寺刊，即南北藏所從出。"此語殊不可信。晁氏《讀書後志》一、《至元法寶勘同總錄》十，著録此書，猶是三十卷，何得有宋刊四十卷之事，頗疑楊氏誤以四帙爲四十卷，否則絕非宋本也。

楊氏又言："此書終貞觀十九年，正傳三百三十一人，附見一百六十人。"此仍是宣公自序舊文。不知今本不止於貞觀十九年，已如上述。至於人數，麗本正傳四百十四人，已多於自序八十三人；附見二百十二人，亦多於自序五十二人。宋、元本正傳又多七十一人，爲四百八十五人；附傳又多七人，爲二百十九人，比自序增多甚衆。撰提要者，當據書不當據序，即據序，亦當言明書與序不同，俾知後有增入也。

楊氏又言"《四庫書目》僅載贊寧《宋高僧傳》，近時海山仙館刻慧皎《高僧傳》，而此書仍沈霾釋藏中，未終表彰"云云。不知此書《四庫》雖未收，然自乾隆季年，學者已漸知利用，故《全唐文》、《全南北朝文》均用之，只欠一單刻本而已。然嘉興藏單印本，時有流行，藏書家所謂支那本者是也，因書口有"支那撰述"四字故。

楊氏又附載此書自序，注云："此序孫淵如《續古文苑》不載，知孫氏亦未見此書。"不知《孫氏祠堂書目》二已載此書，特《續古文苑》未之採耳。且此序《全唐文》九百十一已採入，未爲希見，固不必張大其詞也。

《宋高僧傳》三十卷　宋釋贊寧撰

宋、元、明、清藏及《四庫》皆著錄，麗藏獨闕。揚州單刻本，稱爲《宋高僧傳三集》。

太平興國七年奉敕撰，端拱元年十月書成，表上之。本名《大宋高僧傳》，後人去"大"存"宋"，謂宋朝所修之《高僧傳》，非謂宋朝高僧之傳也。所載接道宣《續傳》，迄宋之雍熙，卷七晤恩卒於雍熙三年，義寂卒於雍熙四年，即成書之前一年也。

贊　寧　略　歷

贊寧家世行事，見王禹偁《小畜集》二十《通惠大師文集序》,略云"釋子謂佛書爲內典,謂儒書爲外學,工詩則衆,工文則鮮,並是四者,其惟大師。大師姓高氏,其先渤海人,隋末徙居吳興之德清縣。以唐天祐十六年己卯生,後唐天成中出家。通南山律,爲兩浙僧統。太平興國三年,忠懿王錢俶携版圖歸國,大師入朝,太宗素聞其名,召對滋福殿,賜紫方袍,尋改師號曰通惠。八年,詔修《大宋高僧傳》,聽歸杭州舊寺,成三十卷,進之。居無何,徵歸京師,住天壽寺,詔撰三教聖賢事跡,分領其事,著《鷲嶺聖賢錄》,又集聖賢事跡,凡一百卷。今上咸平元年,詔充右街僧錄。年八十二,視聽不衰,以述作頗多,叙引未立,猥蒙見託,不克固辭。總其篇題,具如別錄,凡內典集一百五十二卷,外學集四十九卷,覽其文知其道"云。

《十國春秋》八九《贊寧傳》,即本於此。然謂《高僧傳》、內典集外,又著《鷲嶺聖賢錄》一百卷,則誤讀《小畜集》之文也。《高僧傳》、《鷲嶺聖賢錄》即內典集之一種,內典集不過諸書之總名,序云"總其篇題,具如別錄",則各書之子目也。

本書之體制及内容

本書體制，一如《續傳》，惟《續傳》僅每科後附以論述，此書則每人傳末亦時有論述，或申明作者之旨焉，名之曰系，其有答問，則謂之通。系者法《張衡賦》，通則法《白虎通》，此與《續傳》不同者也。

本書十六《清徹傳》："系曰：徹公言行，無乃太簡乎？通曰：繁略有據，名實錄也。昔太史公可弗欲廣三五之世事耶，蓋唐虞之前，史氏淳略，後世何述，今不遂富贍，職由此也。又與弗來赴告不書同，諸有繁略不均，必祛誚讓焉。"此所謂申明作者之意也，其法甚善。

又古人著書，除類書外，多不注出典。此書所本，多是碑文，故每傳末恒言某某爲立碑銘或塔銘，此即本傳所據，不啻注明出處。

本書内容，亦分十科，與《續傳》無異：一譯經，三卷；二義解，四卷；三習禪，六卷；四明律，三卷；五護法，一卷；六感通，五卷；七遺身，一卷；八讀誦，二卷；九興福，三卷；十雜科，二卷。正傳五百三十二人，附傳一百二十五人。"讀誦"《四庫提要》作"誦讀"，此雖小節，然以今語改古語，爲校勘學中一大忌，因《續傳》亦作"讀誦"，非偶然也。

唐時佛教最盛，《舊唐書·方伎傳》尚有玄奘、神秀、慧能、一行等數人，《新唐書》一概刪除。《通鑑》亦大都不載，故嚴衍《通鑑補》凡例，有補二氏一條。此書所載，十之九皆唐僧，可以補《唐書》、《通鑑》之闕矣。

本書之特色及缺點

本書最精彩者爲《習禪篇》，因中國禪宗，起於初唐，至晚唐而極盛。會昌五年毀佛，教家大受挫折，惟禪宗明心見性，毀其外不能毀其內，故依舊流行。五代末，北宋初，佛教各派均已式微，獨曹溪以下五宗，於此時漸次成立。五宗者，自六祖慧能後，分爲二派：曰青原行思，曰南岳懷讓。南岳復分二派：曰臨濟，曰潙仰；青原復分三派：曰曹洞，曰法眼,曰雲門,是爲五宗。今日惟臨濟、曹洞猶存,三宗早絕。本書除雲門宗開山之雲門文偃外,於各宗重要人物,皆有專傳。雲門匡真大師塔銘,本南漢大寶元年立,又碑銘大寶七年立,以僻在廣東乳源縣,故贊寧當日搜羅未獲,今皆見《南漢金石志》。

然禪宗自曹溪五宗以前,派別已極紛歧,鬥諍甚烈,禪宗本身諸史,多諱而不言。贊寧本非禪宗,且博學多通,號稱"律虎",當時玄學,每斥講家爲數寶之人,見本書《習禪篇》總論。贊寧於禪宗鬥諍之跡,亦不爲之諱,故卷八《神秀傳》論謂:"達摩没而微言絕,五祖喪而大義乖。"考唐代禪宗史者,固可於《宋僧傳》求之,此本書之特色也。

慧皎著書,提倡高蹈,故特改"名僧"爲"高僧"。道宣戒律精嚴,對沙門不拜王者一事,爭之甚力,皆僧人之具有節槩者,有專書名《沙門不應拜俗等事》。贊寧則本爲吳越國僧統,入宋後,又賜紫衣,充僧錄,素主張與國王大臣接近;本書又爲奉詔而作,故不能與前書媲美。

《宋高僧傳》七五代棣州開元寺《恆超傳》:"恆

超姓馮氏，范陽人。挂錫無棣，二十餘年，節操高邁，前後州牧修名執刺相禮重者，止令童子辭以講貫，罕曾接對，初有所慊，終伏其高。時郡守李君素重高風，欲飛章舉賜紫衣，超聞驚愕，爲詩曰：'虛著褐衣老，浮杯道不成，誓傳經論死，不染利名生。'且曰：'如其復爾，則吾在盧龍塞外矣。'郡將聞而止。相國瀛王馮道聞其名，知是鄉關宗人，先遺書序歸向之意，超曰：'貧道閑人，早捨父母，尅志修行，本期彌勒知名，不謂浪傳宰衡之耳，於吾何益。'門人敦喻，不得已答書，具陳出家之人，豈得留心虛名薄利。瀛王益加鄭重，表聞漢祖就賜紫衣，自此忽忽不樂，以乾祐二年，微疾終於本院。"此五代時高僧也。贊寧對之，寧無愧色。然贊寧於《恆超傳》不便批評，乃於前卷《宗密傳》論，發其意見，且藉以自解焉，在史法中所謂互見例也。

《宋高僧傳》六《宗密傳》論曰："或有誚密不宜接公卿而屢謁君王者，則吾對曰：教法委在王臣，苟與王臣不接，還能興顯宗教不！今之人情，見近王臣者則非之，曾不知近王臣人之心，苟合利名，則謝君之誚也，或止爲宗教親近，豈不爲大乎，寧免小嫌，嫌之者亦嫉之耳，苟了如是義，無可無不可。"因此贊寧之書，不提倡高蹈，與慧皎異；又沾染五代時鄉愿習氣，以媚世爲當，故持論與道宣又異。

《宋高僧傳》十五《義宣傳》論"或曰：今沙門姓既爲釋，名復不諱，言我不隨俗諦，云何對君主稱臣，莫西域有否？通曰：姓名不對王者，臣妾表疏合然。昔齊帝問王儉，遂令對見稱名，至唐肅宗朝，始見稱臣，由此沿而不革。良以沙門德薄，日就衰微，一往無復矣。又以法委國王，誠難改作，王謂爲是，楷定莫移，故佛言雖非我制，諸方爲清淨者不得不行"云。言爲心聲，贊寧所言若此，故其書頗主張隨俗浮沉，與時俯仰，不叙不事王侯高尚其事之美，致使西山之節，鬱而不彰。歐陽公生平深惡馮道，故對贊寧亦屢示不滿。

《歸田錄》第一條曰"太祖幸相國寺，至佛像前燒香，問當拜與不拜，僧錄贊寧奏曰：'不拜。'問其故，曰：'見在佛不拜過去佛。'贊寧者，頗知書，有口辯。其語雖類俳優，然適會上意，故微笑而頷之，遂以爲定制"云。太祖當作太宗。嗚呼！贊寧對宋帝之言，抑何與馮道對遼主之言相類也。歐《五代史》五四《馮道傳》："耶律德光問道曰：'天下百姓，如何救得？'道爲俳語對曰：'此時佛出救不得，惟皇帝救得。'"贊寧之言，得毋學此。

《六一詩話》又言："吳僧贊寧，國初爲僧錄。安鴻漸嘗街行，遇贊寧與數僧相隨，鴻漸指而嘲曰：'鄭都官不愛之徒，時時作隊。'贊寧應聲答曰：'秦始皇未坑之輩，往往成羣。'時皆善其捷對。"鴻漸所道，乃鄭谷詩，云"愛僧不愛紫衣僧"也。歐公對贊寧印象如此。若贊寧者，真可謂名僧也矣，以言乎高，則猶未也。此本書之缺點也。

《四庫提要》正誤

《四庫》著錄贊寧之書凡二種：一爲譜錄類《筍譜》一卷，一爲本書。又雜家類存目七載贊寧《物類相感志》十八卷，以與本題無關，不具論。

贊寧略歷，《提要》於《筍譜》述之，謂："咸平中，加右街僧錄，至道二年卒。"此大誤也。至道年號，實在咸平之前，不知何以不考至此，《釋氏疑年錄》六已辨之矣。至本書《提要》之誤，則有四點：

一、《提要》謂："《高僧傳》之名，起於梁釋惠敏，分譯經、義解兩門，釋慧皎復加推擴，分立十科。"此謬說也。梁僧未聞有惠敏，更未聞有惠敏著之《高僧傳》。"惠"與"慧"通，"敏"特"皎"之形譌耳。《提要》之說，蓋本於晁氏《讀書志》。《晁志》衢本傳記類著錄《高僧傳》二部：一爲六卷，梁僧惠敏撰，分譯經、義解兩門；一爲十四卷，梁僧慧皎撰，分譯經、義解等十科，此《提要》所本也。六卷本，袁本《晁志》入釋書類，蓋一不全本。因慧皎《高僧傳》向分二函，可洪《藏經音義隨函錄》二十七，載《高僧傳》一部，上帙六卷，下帙八卷，慧琳《音義》八十九、九十同。《晁志》著錄釋書類者，蓋僅得前帙，因叙目在後，不知其不全，著錄時又誤慧皎爲惠敏，衢本乃將兩部並列。《通考·經籍考》釋氏類因之，《四庫提要》遂演爲《高僧傳》之名起於惠敏之說，不知惠敏固無是公也。周中孚《鄭堂讀書記》、丁丙《善本書室藏書志》，均循《提要》之誤，

51

謬説流傳，不得不加糾正。《宋史·藝文志》有慧皓《高僧傳》十四卷，豈慧皎之外，又有慧皓耶？"皎"之誤"皓"，亦猶是耳。《隋志》雜傳類及雜家類重出虞孝敬《高僧傳》六卷，姚氏《考證》引《法苑珠林·傳記篇》，謂："孝敬後出家，改名惠命，即晁氏之惠敏"云。按《續僧傳》一，孝敬僧名道命，不作惠命，故今不取其説。

二、《提要》謂："唐釋道宣《續高僧傳》，蒐輯彌博，所載迄唐貞觀而止。"並列舉十門之名，似館臣曾見皎、宣之書，何以不著於録，不知館臣實未見皎、宣二傳也。十門之名，亦據《晁志》及《通考》列之耳。不然，此唐以前史傳豈有不録，而獨録贊寧書之理，此其故，《簡明目録》釋家類曾微露之，曰"佛氏之書，浩如烟海，非惟經論語録，不可勝數，即叙述釋家故實者，亦難以赅載。故今惟即官庫所有，擇可録者録之，以見梗槩；官庫所未收者，自有彼之佛藏在，無庸代爲蒐輯"云。然則今《提要》釋家類所著録及存目者，特隨手掇拾，以備一格，凡内府所未頒，及各家進呈所未及者，皆未嘗按類以求，故皎、宣之書獨闕也。

三、《提要》謂："贊寧此書，於武后時人皆係之周朝，殊乖史法。"不知此最合史法也。武后於載初二年九月，既改國號曰周，直至中宗神龍元年二月，始復國號曰唐，此十五年中，事實上爲周，史家豈得稱之爲唐。即如釋明佺於天册萬歲元年撰《大周刊定衆經目錄》，後人爲易於識別，易"大周"爲"武周"可也，若必改爲《大唐刊定衆經目錄》，豈非謬甚。贊寧博學，頗講史法，吳處厚《青箱雜記》六，稱其："曾撰《非史通》六篇，爲王禹偁所激賞。"固未可以"乖史法"譏之也。

四、《提要》謂："本書所載，既託始於唐，而《雜科篇》中乃有劉宋、元魏二人，亦爲未明限斷。"不知本書繼道宣書而作，固非斷代之書也。前傳有闕，後書補之，奚爲不可，安得以"未明限斷"譏之乎！且本書載唐以前人，不始於《雜科》，卷十八《感通篇》已有後魏、陳、隋五人，卷二十四《讀誦篇》又有隋二人。贊寧曾於卷十八隋僧《欽師傳》論發明其例，曰："魏、齊、陳、隋與宣年月相接，胡不入續傳耶？通曰：有所不知，蓋闕如也。亦猶大宋文軌既同，土疆日廣，良難遍知，縱有某僧，其奈史氏未編，傳家無據，故亦闕如，留俟後賢也。"此最合史法之論，撰《提要》者未之見耳。一部《宋高僧傳》獨闕雲門偃禪師傳，職是故也。

卷　　三

《弘明集》十四卷　梁釋僧祐撰

僧祐即撰《出三藏記集》之人，見《梁高僧傳》十一。天監十七年卒，年七十四，黑白門徒，一萬一千餘人。東莞劉勰爲撰碑。

《出三藏記集》十二有《弘明集目錄序》，以《牟子理惑》始，以祐自撰《弘明論》終，凡十卷。其後續有增入，爲十四卷。兩《唐志》、晁氏《讀書志》皆著錄。

《四庫》著錄釋家類第一部，《提要》謂"梁以前名流著作，今無專集行世者，頗賴以存"云。

本書之體制及内容

本書爲總集體，頗類《昭明文選》，故《舊唐志》入總集類。然以六朝佛教之盛，全部《文選》，關涉佛教者僅王簡栖頭陀寺一碑。此編所録，則概皆闡揚佛教之文，中以書啓論述爲多，鏗然可誦。作者百人，又僧十九人，單第十卷作者已有六十三人，爲嚴可均《全梁文》增益人數不少。序稱："道以人弘，教以文明，弘道明教，故謂之《弘明集》。"以今本與《出三藏記集》所載目録互校，原本十卷，皆梁以前文，後所增入，多梁代文。今本第九、第十卷之梁武帝，高麗本作"大梁皇帝"，當是僧祐原文，稱武帝者，後人追改也。

本書板本及學人利用

本書現在通行者，大別爲兩種本：一藏本，一單刻本。

藏本又大別爲兩種：一嘉興藏本，即所謂支那本；一頻伽本。

單刻本又大別爲兩種：一吴惟明刻本，即所謂汪道昆本；一金陵本。

《四庫》所著録者爲吴刻本，《提要》言："末有僧祐後序，而首無前序，疑傳寫佚之。"以是知爲吴刻本也。

藏本有前序，惟吴刻本無前序。周中孚《鄭堂讀書記》所著録者爲支那本，即嘉興藏本。記中所引者，亦即前序中語，然仍襲《四庫提要》之説，謂"是書前無自序"，大可異也。

《四部叢刊》所影印者，即吴氏兩《弘明集》合刻本，封面題汪道昆本，循《邵亭書目》以來之誤也，因卷首有萬曆十四年丙戌汪道昆序故。

汪氏在隆、萬間頗有名，然序中以梁裴子野爲唐人，可謂一言不智。序中康虞之名凡數見：一則曰："二集並入大藏，如海一漚，康虞抔而出之，易梵筴爲儒筴。"再則曰："二集所輯，具有羽翼功，幸得康虞爲之臚傳。"三則曰："康虞之爲是舉也，殆將發墻面之矇，解兩家之難。"末則曰："康虞得師達觀，抑或可以語此，是集固將流通無閒，惡用不佞之言。"

康虞即吴惟明，與焦竑、馮夢禎友善，見《藏書紀事詩》三，紫柏老人弟子。汪序所謂達觀者，即紫柏也。紫柏於萬曆八九年間倡刻方册藏，改梵筴爲方册，即後來所謂嘉興藏。汪序所云"易梵筴爲儒筴"，亦受紫柏影響。嘉興藏《弘明集》刻於萬曆四十四年丙辰，吳氏捷足，先刻三十年，故萬曆間流通之《弘明集》，大半爲吳刻。梅鼎祚輯《釋文紀》、張溥輯《漢魏六朝百三家集》，皆曾利用之。《釋文紀》二十八載僧祐《弘明集》前序，云："見《出三藏記集》，《弘明集》不載。"知所據者爲吳刻也。

《四庫提要》撰者既未見藏本，又未見《出三藏記集》，故不能補僧祐自序。張金吾《愛日精廬藏書志》所收爲嘉興藏本，而所錄之自序，則爲後序，此自是張氏之疏，非嘉興藏本無前序也。陸心源《皕宋樓藏書志》因之，乃亦以祐後序爲自序。其實今《弘明集》卷末所載僧祐後序，本名《弘明論》，不名後序。《出三藏記集》載《弘明集》目錄，明題此爲《弘明論》，本論前數行亦自稱《弘明論》，藏本前序亦謂附論於末，則此非後序明矣。然自《四庫提要》以來，諸家均莫能正之，奇也。一誤吳刻爲汪刻，二誤後序爲自序，三後序固非自序，亦非後序，實乃《弘明論》。

《牟子理惑》問題

《弘明集》卷一載《牟子理惑》，撰者失名，今本有題漢牟融撰者，蓋本之《隋志》。《隋志》儒家類有《牟子》二卷，題後漢太尉牟融撰。然太尉牟融乃後漢初人，著《理惑》之牟子乃後漢末逸士；太尉牟融所著之《牟子》是儒家，後漢末逸士所著之《牟子理惑》是釋家。《隋志》著錄太尉牟融書，何以置於後漢末人荀悦、魏朗之後。《舊唐志》著錄《牟子》，出之儒家，入之釋氏，何以仍循《隋志》題牟融撰，與《出三藏記》所載《弘明集》目錄不合，因《三藏記集》目，只作《牟子理惑》，不著撰人名字。宋咸淳間，志磐撰《佛祖統紀》二十六，猶云"牟子不得其名"，則今本《牟子理惑》題漢牟融撰，實不可據。

梁任公以此論爲僞，見《任公近著》第一輯；周叔迦、胡適以此論爲真，見周著《牟子叢殘》、《胡適論學近著》第一集。據吾所考證，今所傳《牟子理惑》，本名《治惑》，如揚雄《解嘲》之類，初無"論"字，唐人改爲《理惑》，後人又加"論"字。牟子爲後漢逸士，失其名，今本《理惑》前，有蒼梧太守《牟子傳》，題曰："一云蒼梧太守牟子博傳。"頗疑"博"者誤文，"傳"譌爲"博"，回改爲

"傳"，而未去"博"字，後人因牟子無名，遂題曰"蒼梧太守牟子博傳"。但《出三藏記集》十二已如此，其來已古。蒼梧太守《牟子傳》者，蒼梧太守所撰之《牟子傳》也，故以此爲牟子自傳者非，稱牟子爲牟子博者亦非，直以牟子爲蒼梧太守者尤非，以爲漢有兩牟融，則調停之說也。

《牟子傳》所言時、地、人事，皆見於史。

一、笮融與豫章太守朱皓，見《後漢書》列傳六三《陶謙傳》、《吳志》四《劉繇傳》。

二、笮融與劉彥及交州牧朱符，又見《吳志》八《薛綜傳》。

三、豫章太守朱皓，又見《後漢書》列傳六一《朱儁傳》。

四、交州牧朱符，又見《吳志》四《士燮傳》。

可見此傳不僞。但《理惑》文中數稱佛經、佛道，佛之名稱爲後漢末所無，當時概稱佛爲浮屠。假定今本《牟子理惑》爲真後漢時作，亦必經後人改竄，不盡原文也。明末天主教人著書，恒譯天主爲上帝，自康熙時，教廷禁稱上帝，教會翻刻明末書籍，遂悉將上帝等字改爲天主，亦其例也。

孫星衍得此篇於《弘明集》，以爲漢魏舊帙，錄出別行，刊入《平津館叢書》，屬洪頤煊考校其事，頤煊以爲非牟融作，是也。然卷首仍題漢太尉牟融撰，以爲因隋、唐之舊，不知僧祐採此，未嘗作牟融撰，有《出三藏記集》及《大唐內典錄》可證。宋、元藏亦云未詳作者，明藏始題牟融撰，故謂因明藏之舊則可，謂因隋、唐之舊，則《隋》、《唐志》之《牟子》，未必即今本《牟子理惑》。且此篇在明萬曆間梅鼎祚輯《釋文紀》時，已從《弘明集》中錄出，亦不始於孫星衍也。

《廣弘明集》三十卷　唐釋道宣撰

道宣即撰《續高僧傳》之人，《宋高僧傳》十四有傳。

宋、元、麗藏皆三十卷，明南北及清藏四十卷。《四庫》著錄者三十卷，與《弘明集》同爲紀昀家藏。《弘明集》《四庫》用吳惟明刻本，知此書亦用吳刻，因吳氏兩《弘明集》合刻也。吳刻出於宋、元藏，時在萬曆十四年丙戌，嘉興藏出於明北藏，《廣弘明集》先刻，在萬曆三十八年庚戌，《弘明集》後刻，在萬曆四十四年丙辰。

本書體制及學人利用

本書體制與《弘明集》略異，故不曰"續"而曰"廣"。《弘明集》不分篇，此則分十篇：一歸正，二辨惑，三佛德，四法義，五僧行，六慈濟，七戒功，八啟福，九悔罪，十統歸。每篇前各有序。

又《弘明集》皆選古今人文，自撰僅卷末《弘明論》一首。此則每篇恒有道宣敘述及辯論列代王臣對佛法興廢等事。故《弘明集》僅選輯而已，此則敘述辯論與選輯並用者也。

作者緇素共一百三十餘人，內南北朝一百餘人，唐近三十人，尚有在道宣敘述中所引用者未計。如卷六《列代王臣滯惑解》，列舉興隆佛教者十四人，毀滅佛教者十一人，皆佛教史上重要史料。明馮惟訥編《古詩紀》，梅鼎祚編《古文紀》，張溥編《漢魏六朝百三家集》，皆曾利用之，三書皆自上古至隋。《四庫提要》於此書卷三搜得阮孝緒《七錄序》，矜爲瓌寶，實則明人早已見及，特明人纂述，不盡注出典，即注出典，亦不注卷數，方法不如後人之密，故每爲清人所輕，而嚴可均《全漢魏南北朝文》遂稱獨步矣，此時代風氣之賜也。

本書板本及兩本卷數對照

本書板本，通行者大別爲兩種：一、三十卷本，吳刻及頻伽本屬之；一、四十卷本，嘉興方册藏及常州本屬之。

《鄭堂讀書記》著錄者爲嘉興藏本，而稱三十卷，二者不相應，亦沿《四庫提要》而誤耳。《四庫》用吳刻本三十卷。《全南北朝文》引《廣弘明集》，除《全宋文》用四十卷本、《全南北齊文》用三十卷本外，餘皆兩本參用。

《全晉文》一五七，支遁《八關齋會詩序》引《廣弘明集》三十上，用三十卷本。《釋伽文佛像讚》引《廣弘明集》十六，用四十卷本。

《全梁文》簡文帝文引《廣弘明集》，皆用三十卷本。獨十三《菩提樹頌》引《廣弘明集》十七，用四十卷本。

《全梁文》五七，劉孝標《與舉法師書》引《廣弘明集》廿四，用三十卷本。《金華山棲志》引《廣弘明集》廿七，用四十卷本。

《全後周文》廿二，釋慧命《詳玄賦》引《廣弘明集》廿九上，用三十卷本。《酬濟北戴先生書》引《廣弘明集》廿七，用四十卷本。

此事《全南北朝文》曾自言之。《全後周文》廿二，釋曇積《諫沙汰僧表》引《廣弘明集》二十七，云："一本在二十四。"又《全陳文》十八，釋惠津《與瑗律師書》及曇瑗《答津律師書》引《廣弘明集》三十二，云："一本在二十七上。"此兩本參用之證。不明乎此，必以為所注卷數有誤矣。應將兩本卷數對照，列表如後，今從略。

《全南北朝文》拾遺

《全南北朝文》於《廣弘明集》作者緇素一百三

十四人中，除唐二十八人及《後漢書·郊祀志》、《魏書·釋老志》、齊竟陵王子良《淨住子》等有專書行世者外，幾於全部收入。然亦偶有遺漏：

如丘道護撰《支曇諦誄》，見《廣弘明集》二十六，《全晉文》一四二目有而文闕。

又《全齊文》二十五有虞羲文，而《廣弘明集》二十三虞羲撰《廬山景法師行狀》，凡千字，獨闕。

又《全北齊文》七有樊遜文，而《廣弘明集》二十四樊孝謙撰《答沙汰釋李詔表》，凡五百字，亦闕。

又《廣弘明集》十九有梁都講法彪《發般若經題論義》一首，凡二千三百餘字，《全梁文》亦闕。

右四文當補。

又梁僧法雲《與王公朝貴書》，見《弘明集》十，《上昭明太子啟》，見《廣弘明集》二十一，《全梁文》七四均重出。

右二文當刪。

沙門同名易混例

沙門同名，事所恆有。《廣弘明集》二十三有《法綱法師誄》，宋釋慧琳撰，又有《玄運法師誄》，南齊釋慧琳撰，二人同名，同在一卷。卷二十五有《福田論》，隋釋彥琮撰，又有《沙門不應拜俗總論》，唐釋彥悰撰，琮、悰不同，而刊本通作"琮"，亦同在一卷。慧琳未見有誤，彥琮則《全唐文》、《全隋文》皆混，此不可不注意者也。今分別說明之：

彥琮，隋上林園翻經館沙門，《續高僧傳》二有傳，大業六年卒。所著今存者有《辯正論》，見《續高僧傳》二；《通極論》，見《廣弘明集》四；《福田論》，見《廣弘明集》二十五；《合部金光明經序》，見頻伽本黃九。

彥悰，唐京兆大慈恩寺沙門，《宋高僧傳》四有傳，玄奘法師弟子。所著今存者有《佛頂最勝陀羅尼經序》，見頻伽本成五；《大慈恩寺三藏法師傳》，見頻伽本陽二；《法琳別傳》，見頻伽本致八，"悰"誤作"琮"。《集沙門不應拜俗等事》，見頻伽本露七，《廣弘明集》二十五所引者，即此書之總論。

唐《藝文志》釋氏類，彥悰凡二見：

一、載彥悰《崇正論》六卷，《集沙門不拜俗議》

六卷，《福田論》二卷。按《沙門不拜俗議》，唐彥悰撰，何以夾在隋彥琮所撰《崇正論》、《福田論》之間，此《唐志》之誤也。

二、《唐志》又載彥琮《大唐京寺錄傳》十卷，《沙門不敬錄》六卷，注云："龍朔人，並隋有二彥琮。"按此説是也。然《沙門不敬錄》即《沙門不拜俗議》，何以分爲二書而重出之。

且隋彥琮從"玉"，唐彥悰實從"心"。據《宋高僧傳》四《彥悰傳》："或有謂之曰：'子與隋彥琮相去幾何？'對曰：'賜也何敢望回，雖長卿慕藺，心宗慕於玉宗，故有以也。'"然則彥悰與隋僧同名，當時已有人注意，不知《唐志》既知之，何以復混之也。

《全唐文》九〇五以《合部金光明經序》及《通極論》、《福田論》爲唐彥悰作，官書之誤，不足奇。《全隋文》三十三以《沙門不應拜俗總論》爲隋彥琮作，則殊可異，蓋因《廣弘明集》兩彥琮同卷，而刊本又通作"琮"，偶未細考耳。

近人孫德謙撰《漢書藝文志舉例》，有人名多混加注條，引《唐志》《大唐京寺錄》注隋有二彥琮爲例，此又誤解《唐志》者也。《唐志》言"並隋有二彥琮"，謂並隋計之耳，今省略"並"字，則是隋有二彥琮。試思隋僧也，何能撰《大唐京寺錄》耶！一字之不可省如此，亦學者所宜注意也，彥悰撰《大唐京寺錄》，見《內典錄》五及《開元釋教錄》八之末。

《四庫提要》正誤

《四庫提要》謂："道宣隋末居終南白泉寺，又遷豐德寺、净業寺，至唐高宗時乃卒。"其說未為大誤。然宣公一生居止，前在終南，後在京師西明寺。西明寺初就，即詔宣充上座，玄奘法師至止，又詔與翻譯，遇敕令僧拜王者等事，宣上啟争持甚力，又所撰著及刪補律儀等，二百二十餘卷，皆在西明寺。故不言豐德、净業二寺則已，如言豐德、净業，則不可不及西明寺。《新唐志》先著錄道宣《大唐貞觀內典錄》十卷，後又著錄《大唐內典錄》十卷，云"西明寺僧撰"，即不知道宣為西明寺僧故，則西明寺一節，不可省也。

《提要》又謂："其書採摭浩博，如梁簡文帝《被幽述志》詩，及《連珠》三首之類，頗爲泛濫。"按詩及《連珠》見卷三十上，然應採與否，純屬主觀，實無標準。惟其書於梁簡文《與廣信侯書》、《與慧琰法師二書》、《答湘東王書》，既載於卷十六，復載於卷二十一及卷二十八，是爲重出。撰《提要》者不於此糾正，而批評其應採與否，未免輕重倒置。《提要》又引《神僧傳》六，稱道宣爲僧祐後身。按《神僧傳》乃明初撰集之書，其《道宣傳》全採自《宋高僧傳》十四，《宋高僧傳》《四庫》著錄，《提要》何以不引宋傳而引明傳，可知其隨手翻檢，未嘗一究史源，實爲疏陋。

《提要》又稱："道宣卒於乾封二年，而書末有《游大慈恩寺》詩，乃題高宗之謚，殊不可解。"不知此乃《提要》所據刊本之謬，與道宣無涉，猶《史記》之有《武帝本紀》云爾。原本《廣弘明集》唐高宗皆作"今上"，頻伽所據麗本尚可爲證。且不始於卷末，卷二十二《述三藏聖教序》及《答法師玄奘謝啟書》，卷二十五《沙門致拜君親敕》及《停沙門拜君詔》，原本皆稱"今上"，有何不可解，而致其譏評耶！

《法苑珠林》百卷 唐釋道世撰

本書《大唐內典錄》五著錄，《開元錄》不載，慧琳、可洪兩家《音義》亦無此書。此書之入藏，實自宋始，見紹興初周敦義《翻譯名義集序》。然宋、元、明、清藏皆百卷，獨嘉興藏改爲百二十卷，《四庫》著錄者即嘉興藏本，《四部叢刊》影印者亦嘉興藏本。道光間，常熟蔣氏刻本回復爲百卷，常州天寧寺刻本、頻伽本亦百卷。

道世略歷

道世《宋高僧傳》四有傳。字玄惲，避太宗諱，以字行，《內典錄》著錄是書，稱沙門玄惲撰，《宋高僧傳》始回復爲道世，而著明其稱字之由焉。《越縵堂日記》十六冊謂："道世之名，不避太宗之諱，殊不可解。"蓋未見《宋高僧傳》也。唐時譯經不避諱，僧名仍避諱。

儀鳳四年正月，譯進《佛頂最勝陀羅尼經》，廟諱、國諱皆隱避，如"世尊"爲"聖尊"，"世界"爲"生界"，"大勢"爲"大趣"，"救治"爲"救除"之類。上讀訖，曰："既是聖言，不須避諱。"見永淳元年五月沙門彥悰序，頻伽本成五。此初唐故事也。

道世早歲出家，貞觀末曾預玄奘法師譯事，後又召居西明寺，與道宣律師同居止。道宣《大唐内典錄》成於麟德元年，《法苑珠林》成於總章元年，相距才四載，故《内典錄》五具載道世所著之書，《珠林》卷百亦具載道宣所著之書。《續高僧傳》早成，《珠林》引據尤衆，即所稱《唐高僧傳》是也。

《珠林》卷百《傳記篇》述意部言："吾少習周、孔之文典，晚慕黃、老之玄言，俱是未越苦河，猶淪火宅，可久可大，其爲佛教，遂乃希前代之清塵，仰羣英之遠跡，歸斯正道，拔自沈泥。"似道世之出家在暮年，然《宋高僧傳》明云："道世年十二出家。"《珠林》總章元年李儼序亦謂："道世幼嶷聚沙，落飾綵衣之歲。"知《傳記篇》云云，蓋託詞耳。

本書之體制及內容

本書爲類書體，將佛家故實，分類編排，凡百篇。篇各有部，部又有小部，均以二字爲題。總六百四十餘目，引經、律、論分隸之。

每篇前有述意部，述意猶言叙意，以儷體行之。每篇末或部末有感應緣，廣引故事爲證，證必注出典，與其他類書體例同。除引經論，必以書名在前，曰"依某經某論曰"。引傳記則書名或在前或在後，在前者如卷四《日月篇》引《河圖》、《禮統》、《帝王世紀》、《三五歷紀》等三十餘種，卷二十八《神異篇》引《述徵記》、《臨海記》、《地鏡圖》、《述異記》等十餘種，卷三十六《華香篇》引《異苑》、《幽冥錄》、《許邁別傳》、《扶南傳》等三十餘種，皆書名在前，曰"某書曰"；其在後者，則注曰"出某書"，或"見某書"；數條同出一書者，則云"右若干條同出某書"。間有失載，則傳寫脫落也。

凡近代耳聞目擊之事，無記載可述者，亦必注明某人所説。如卷五《阿修羅部》引《西國志》，云：

"余見玄策具述此事。"玄策者，王玄策也。又引玄奘法師云："其人具向奘法師述此。"卷十四《觀佛部》引麟德二年事，卷四六《思慎篇》引龍朔三年事，皆云："京城道俗共知，不別引記。"卷十八《敬法篇》引貞觀五年事，云："西明寺主神察目驗説之。"又引曇韻禪師事，云："西明寺道宣律師以貞觀十一年曾至彼中，目睹説之。"卷五七《諍訟篇》引永徽五年事，則云："左近村人同見説之。"卷六五《救厄篇》引武德初年事，則云："道年幼自見琬師説之。"卷七六《綺語部》引永徽六年事，則云："因向僧懺，具説此言。"皆表示其説有徵，不爲虛構，甚合史法，故清代漢學家特重其書。

本書之流行與漢學

本書在類書中，與《北堂書鈔》、《藝文類聚》同時。所引據典籍，除佛經外，約有百四十餘種。其中徵引最多者，爲王琰《冥祥記》，凡百四十次，干寶《搜神記》百餘次，唐臨《冥報記》七十次，顔之推《冤魂志》四十次，郎餘令《冥報拾遺》三十五次，

《續搜神記》及劉義慶《幽明錄》、劉敬叔《異苑》、祖冲之《述異記》各十餘次。其徵引三五次者，當另撰《法苑珠林》引用書目。

《四庫提要》釋家類於《廣弘明集》後即著錄此書，謂"佛法初興，惟明因果，達摩東邁，始啟禪宗。因果如漢儒之訓詁，悉求依據，其學核實而難誣；禪宗如宋儒之義理，可以臆測，其説憑虛而易騁。此書作於唐初，去古未遠，在彼法中猶爲引經據典，較後來侈談心理者固有間"云。

自《四庫》著錄以來，此書遂爲漢學家所注意，各家藏書志亦漸有其書，然所收者悉爲支那本，即嘉興藏本，與古本卷數不合，常熟蔣氏乃有百卷本之刻，《書目答問》亦以其有關考證而著錄之矣。

劉毓崧《通義堂文集》十二有《書法苑珠林後》，云"陳隋以上舊籍，唐初存者較多，其無傳書者，可以爲蒐討之用；其無足本者，可以爲校補之資，於藝苑學林，自有裨益，不得因異端當斥，而遂不節取之"云。書之顯晦固有時，然苟不與漢學家氣味相投，亦焉能登之儒藏也。

本書板本及兩本卷數對照表

本書通行者有二本：一、百卷本，常熟蔣刻及常州本、頻伽本是；一、百二十卷本，嘉興藏本及《四部叢刊》本是。

本書《傳記篇》及《大唐内典錄》著錄此書，均百卷，明南北藏亦百卷，獨萬曆十九年嘉興藏刻本改爲百二十卷，此最無理之舉。今《嘉興藏目錄》仍作百卷者，目循明藏之舊，而書已析爲百二十卷也。然《四庫》著錄者即此本，蓋當時方册本，捨此別無他本故。

此本以目錄二卷爲第一、二卷，以第一卷爲第三卷，變亂古法，《提要》猶以《經典釋文》比之，不知《經典釋文》第一卷乃敘錄，非目錄。敘錄猶總論，當然可作第一卷，今乃目錄，豈可謂與《釋文》同例，此《提要》之謬論也。

道光七年，常熟蔣氏回復爲百卷，最爲有識。蔣名因培，山東齊河縣知縣，道光元年以事遣戍，其妾董姝，發願刻此，冀得佛力護持，並普告閨人，共襄是舉。今每卷後題出貲重刻者姓名，皆婦女也，故可稱爲閨閣本。卷末有琴川申林女子董姝跋，卷首有萬善花室女弟子呂琴姜駢體序文。萬善花室者，大興方履籛，卷三十二題方履籛母馮氏刻，知方氏與此本有緣也。《越縵堂日記》十八册言呂爲方繼室，陽湖人。此文見《萬善花室文集》六序言："世所行舊槧本，曾經明人改竄，妄析爲百二十卷，全與新書《藝文志》著録百卷不符，以致簡葉違錯，章段崩離，字句之間，亦多脱誤。清信女士董申林，因披藏本，用勘此書，始知萬曆之譌，曾非懌上之失，遄發宏心，謀貲衆悦，同時名閨淑儀，咸分華鬟襄助，共得百人，費凡千鎰，校讎精察，鏤造精嚴。"

夫與《新唐志》不符，未爲大病，因《新唐志》誤者多也；若簡錯章離，則真大病矣，如卷十一《乳糜部》言："宣律師感應因緣，在第十卷《灌帶部》述之。"今第十卷已改爲第十六卷，幸猶有《灌帶部》目可尋。卷三十五《法服篇》言："西明寺道宣律師感應因緣，具在第十卷。"卷次既亂，所謂第十卷者，從何檢之？無怪女史呂琴姜斥之爲妄也。

然今蔣氏本仍時有脫誤，未滿人意，恐所據藏本已如此。卷一百後題奎文閣典籍，元和顧千里妻韓道映刻，顧君爲校勘學名家，疑此本曾經顧君策畫。惟此書卷帙巨，徵引繁，自唐以來，校讀者即少，且非儒、釋兼治，未易問津，其不足爲善本宜也。

蔣刻之後，常州天寧寺本及頻伽本，皆百卷。最可惜者，《四部叢刊》影印此書時，未能上溯摺子本，仍以嘉興藏本爲佳本而採用之也。今當以一九三六年上海影印磧砂藏本爲最古，兩本卷數對照表從略。

《一切經音義》二十五卷　唐釋玄應撰
《新譯華嚴經音義》二卷　唐釋慧苑撰

二書自《開元錄略出》以來，即二部同帙，宋、元、明北藏，亦二部同函，今故合論之。惟清藏及頻伽藏二書獨闕。

玄應略歷

玄應，清人多寫作元應，與道宣、道世同時，而先卒。劉毓崧《書法苑珠林後》謂："唐代僧徒，能讀儒書者，爲元應、道世二人，而元應年輩稍後。"以卷一百《傳記篇》道世之書列前，元應之書列後爲證。然《大唐內典錄》五著錄玄應《衆經音義》則在道世書前，稱："應博學字書，統通林苑，周涉古今，括究儒、釋。昔高齊沙門釋道慧爲一切經音，不顯名目，但明字類，及至臨機，搜訪多惑，應慎斯事，遂作此音。徵覈本據，務存實錄，即萬代之師宗，亦當朝之難偶也。恨叙綴纔了，未及覆疏，遂從物故。"

《內典錄》撰於麟德元年，則應卒在麟德以前矣。《續高僧傳》撰於貞觀十九年，以玄應附卷三十《智果傳》，云："京師沙門玄應，亦以字學之富，皂白所推，通造經音，甚有科據。"而未言其卒，本書序言"法師以貞觀末曆，敕召參傳"，則應當卒在貞觀以後。

《開元錄》八著錄此書，改名《一切經音義》，其略傳悉據《內典錄》及本書序。清人叙述玄應者，乃不據《內典錄》及本書序，而多據《開元錄》。《內典錄》其所未見，本書序則未得撰者之名也。

唐《藝文志》載僧彥琮《大唐京寺録傳》，玄應《大唐衆經音義》，玄惲《法苑珠林》，玄範《注金剛般若經》等，四人所撰，凡十二部。其書名、人名次第，與《大唐内典録》所載，悉數相符，可爲《唐志》此四節採自《内典録》之證。然乾隆間莊炘刻本書序，開口即云："釋元應《一切經音義》，唐《藝文志》改名《衆經音義》"，豈非倒果爲因。玄應懲高齊釋道慧一切經音之失，乃作此音，僅得其半，四百四十餘部，未可稱一切。《内典録》稱爲《衆經音義》，甚有分寸，《開元録》復以《一切經音義》名之，似未會宣公之意也。

本書序署名終南太一山釋氏，此即道宣也。今麗本《釋迦氏譜》、《釋迦方志》，猶署是名，然清儒知者極鮮。《學海堂初集》七黄子高《一切經音義跋》言："方氏《通雅》卷首小學大略，稱焦弱侯引釋廣宣《諸經音義序》，語與今本合，廣宣當即太一山釋氏之名，疑焦氏當日亦嘗見之。"不知明季士夫，類喜談佛，曾見《一切經音義》，自不足奇，特不解何以誤道宣爲廣宣耳。《鄭堂讀書記》亦誤作廣宣。《全唐文》九百九本有道宣文，而《衆經音義序》特附於九二二僧人之末，題曰"終南山僧"，此清儒之陋也。

劉申叔生近代，然《左盦集》四《書華嚴經音義後》，亦只據《全唐文》終南山僧所作《衆經音義序》，知玄應爲貞觀時人，而不知終南山僧即道宣。則諸儒之引《開元錄》，而不引本書序，亦固其宜也。

慧苑略歷

慧苑《新譯華嚴音義》，《開元錄》九著錄，云："慧苑，京兆人，華嚴藏法師上首門人。勤學無惰，內外兼通，華嚴一宗，尤所精達。以新譯之經，未有音義，披讀之者，取決無從，遂博覽字書，撰成二卷，俾讀之者，不遠求師而決於字義也。"《宋高僧傳》六《慧苑傳》即本於此。

《華嚴經》開元以前有二譯：一、東晉義熙末佛陀跋陀羅譯，六十卷，玄應《音義》卷一所音者是也；二、唐武后證聖間實叉難陀譯，八十卷，慧苑所音者是也。曰新譯，即對東晉舊譯而言。而有清諸儒，多忽略"新譯"二字，不考所謂新譯者何時譯，遂並不知慧苑爲何時人。

臧鏞堂嘉慶四年刻本書序云："慧苑無考，此書引李善《文選注》、歐陽詢《藝文類聚》，則在元應之後，蓋生唐之中葉者。"若知《新譯華嚴》爲武后時譯，則在玄應之後，又何待言。

本書慧苑自序稱："少翫茲經，索隱從師，十有九載。"其師何人，亦應注意。《開元錄》、《宋僧傳》，皆《四庫》所著錄，清儒不考，故不知慧苑爲華嚴藏門人。華嚴藏者，今稱華嚴宗三祖，《宋僧傳》五有傳。名法藏字賢首，康居人，以唐先天元年卒，年七十。同時有净域寺法藏，姓諸葛，吳縣人，開元二年卒，年七十八，塔銘見《金石萃編》七十一。《全唐文》九百十四載華嚴藏文，而冠以净域藏傳，閱《釋氏疑年錄》四之五葉、六葉，即知其謬。慧苑既爲華嚴藏門人，則盛唐時人也。

守山閣錢熙祚本書跋謂："《杜牧之集》有敦煌郡僧正慧苑除臨壇大德制，苑、牧同時，則在元應後。殆見應《華嚴音義》，寥寥數簡，故別爲專書。"《徐星伯小集·華嚴音義跋》，曾有此說。此制見《樊川文集》二十，苑作別體菀。杜牧生中晚唐之間，與盛唐相距百年，何得混爲一人；玄應所音《華嚴》是東晉譯，慧苑所音《華嚴》是唐譯，又何得混爲一本。

劉申叔《書華嚴經音義後》，譏徐星伯以《杜牧之集》之慧苑爲著《音義》之慧苑，是也；然又循《全唐文》之謬，以净域寺法藏爲華嚴藏，所謂楚則失矣，齊亦未爲得也。沙門同名易混，即此可得二例。慧苑之苑，《開元録略出》四亦作菀，難怪徐君之誤也。

粤雅堂伍崇曜本書跋仍謂："慧苑事跡未詳，俟考。"惟同時《鐵琴銅劍樓書目》已知慧苑《宋高僧傳》有傳，特未知《宋僧傳》實本諸《開元録》耳。

慧苑於《華嚴音義》外，尚有《華嚴疏刊定記》二十卷，不盡守師說，故每爲澄觀之《華嚴玄談》所訶，《佛祖統紀》言："法藏既亡，慧苑悉叛其說。"指此也。今《刊定記》見影印續藏，不全。

二書之體制及内容

二書爲《經典釋文》體，將經文難字録出，注音訓於其下，並廣引字書及傳記以明之，故比《經典釋文》爲詳。其所引書，自釋典外，百數十種，今多亡佚，即未亡佚，亦每有異文，足備讎校。以故清代小學家、校勘家、輯佚家，皆視此二書爲瓌寶，此亦時代風氣使然。譬之裴注《三國》，前此本無盛譽，劉知幾且詆爲煩蕪，延至清朝，其價值遂與陳壽書等。

嘉慶初，阮元撫浙，採購《四庫》未收書，各撰提要進呈，賜名《宛委別藏》，貯養心殿，凡一百六十種，《一切經音義》即在其中。自此以後，各家書目多著錄，不以釋典視之矣。《揅經室外集》二有《一切經音義》提要，云"元應通曉儒術，著書該博，所引羣籍，如鄭康成《尚書注》，《論語注》，《三家詩》，賈逵、服虔《春秋傳注》，李巡、孫炎《爾雅注》，以及《倉頡》，《三倉》，葛洪《字苑》，《字林》，《聲類》，服虔《通俗文》，《說文音隱》，多不傳之秘册"云。

同時張秋水鑑有手鈔《華嚴經音義跋》，見《冬青館甲集》五，云："辛酉春，纂修《兩浙鹽法志》，開局於西湖昭慶寺，寺故有藏經，因借得《華嚴經音義》，愛之，録其副，爲亡友劉疏雨假去未還。乙丑夏，在琅嬛仙館覿是本，復竭四晝夜之力録之。所引書如張揖《埤蒼》，楊承慶《字統》，李彤《字指》，阮孝緒《文字集略》，世不經見，說經家如《孝經》鄭注，《孟子》劉熙注，《國語》賈逵解詁，《月令》蔡邕章句，《周易》劉瓛義疏，《尚書》王肅傳，《詩》韓嬰傳，《莊子》司馬彪注，尤足寶貴。此書出，其爲當世見重宜何如。"辛酉，嘉慶六年；乙丑，嘉慶十年。玩其詞意，似未見臧氏所刻之書，而琅嬛仙館即阮元齋號，不知此書何以不偕玄應書進呈也。今考其書，與玄應書略異，玄應書兼音羣經，故其書簡；此書專音一經，故其書較繁。光緒初，張之洞撰《書目答問》，以二書附經部小學類，曰："二書所引古書及字書，古本甚多，可資考證，故國朝經師多取資焉，於彼教無與也。"

玄應書板本

玄應書板本，可大別爲藏本與儒本。

藏本二種：一、二十五卷本，宋、元、明南藏等屬之；一、二十六卷本，明北藏及嘉興藏屬之。莫友芝《邵亭遺文》二，有《一切經音義》寫本序，謂："此書乾隆以前，淹在彼教，不過梵典視之。《四庫》釋家，僅取内府之儲，不搜釋藏，故未與《宏明》、《法苑》著録文淵。後此諸儒，益盛小學，廣求唐以前書，始偕慧苑《華嚴》，大顯於世。自玉林、子田諸家徵引後，重之殆中允《釋文》、崇賢《選注》等。道光庚子，假觀西來寺正統北藏本。癸卯夏，主者趣歸，乃命寫官迻録，復假禹門寺萬曆南藏本，諸弟分校一過。南本第三卷，北本析爲二，故北本二十六卷，南本二十五卷。乾嘉諸老，引證記卷，悉是南本，知北本之不足據也。聞貴築黔靈山更有支那本，遠不能借校。"

南藏洪武刻於南京，北藏永樂刻於北京。序中所謂正統北藏者，謂正統刻成時所頒；萬曆南藏者，謂萬曆續刻時所頒。支那本方册藏，亦萬曆間刻，但非官板耳。

此序所舉人名，有大誤者，玉林是臧琳，與閻百詩同時，臧在東鏞堂之高祖，鏞堂曾刻《華嚴音義》，故誤在東爲玉林。至謂南藏本二十五卷，北藏本二十六卷，不誤。謂南本第三卷，北本析爲二，亦誤，實則南本第三、四卷，北本析爲三、四、五卷也。

《日本訪書志》四言"釋元應《一切經音義》二十五卷，自《開元釋教錄》以下，至明北藏皆同，南藏始分第三、第四、第五三卷爲四卷，遂爲二十六卷。嘉慶間武進莊氏以北藏本校刊行世，臧氏言從咸寧大興寺得善本，不言何本，今據其本校之，實北藏本"云。楊氏所志，誤點尤多，最誤者以南藏爲北藏，北藏爲南藏，志中"南""北"字，均須互易。又莊氏刻是書，在乾隆五十一年，非嘉慶；莊氏亦非臧氏；大興善寺非大興寺；南北藏分卷，亦非分三卷爲四卷也。

藏本之外有儒本，儒本者，以其非爲佛教而刻，若孫淵如者，且曾撰《三教論》，反對佛教，故特名之爲儒本，《書目答問》所謂"於彼教無與也"。儒本三本，皆二十五卷。

一、武進莊炘本，乾隆五十一年丙午刻。莊炘序云:"唐釋元應撰《一切經音義》,今存釋藏中,自唐以來,傳注類書,皆未及引,通人碩儒,亦未及見。閱千餘年而吾友任禮部大椿著《字林考逸》,孫明經星衍集《倉頡篇》,始見此書,成其撰述,予聞而美之。頃宰咸寧,至大興善寺,求其卷帙,善本猶存,乃施五百金刊而行之。"注中有莊炘及錢坫、孫星衍諸人校語,所據蓋南藏本也。乾隆丙午,下距道光庚子已五十四年,莫氏竟未見其本,而求之各寺,可見前人得書之難,何如吾輩今日得書之易也。

二、海山仙館本,道光末刻。海山仙館刻書,例無年月及序跋,據其書總序,撰於道光二十八年戊申,只可稱爲道光末刻,其所據者即莊刻本。在儒本中,此最通行,而多謬誤,如卷一《華嚴音義》,即闕五十四以下數卷也。

三、杭州曹籀本,同治八年刻。《越縵堂日記》十三册言:"曹據莊氏校證本,授杭州尼明净翻刻。曹本妄人,又年老不知校勘,故馳謬滿紙。"《日本訪書志》言:"近日杭州曹籀重刻是書,言漢陽葉氏有影宋本,爲某所乾没,竟不出,至擬之雷擊,不知宋藏原本，猶在天壤間。"此即同治間撰《龔定盦文集》題詞之曹籀，《定盦續集》四有"縱難送曹生"，即其人。

慧苑書板本

慧苑書板本，亦大別爲藏本與儒本。

藏本二種：一、二卷本，宋、元、明南藏等屬之；一、四卷本，明北藏及嘉興藏屬之。此書自《開元錄》著錄，以迄明南藏，皆二卷，明北藏始以一卷分作兩卷，嘉興方册藏因之，故有四卷。

臧鏞堂刻本書序言："鏞堂寓吳門時，故友王西林爲畢秋帆宮保掌經典，從借唐以前遺書，西林以《華嚴經音義》四卷寫本見示，蓋宮保撫陝右時所得釋藏本也。讀之如獲一海外奇珍，旬日間盡錄之。後宮保撫山左，招鏞堂課孫，學使阮芸臺一見首問此書，並出北藏板二卷，屬爲校讎。始知西藏本爲後人改竄，遠不及北藏之真，兹悉以北藏爲正。"

此序以四卷本爲南藏，二卷本爲北藏，大誤。又生造一西藏之名，亂人耳目。夫所謂南北藏者，指刻板之地，非指藏書之地，若其書得自陝右，即稱之爲陝右本可也，豈能謂之西藏，況所謂西藏者即北藏耶！自鏞堂刻此書以來，竟播其誤於衆，誠爲可惜。

守山閣錢熙祚刻此書跋亦謂："陳氏所校二卷本爲北本，未見遠勝西藏，此爲嘉興楞嚴寺所刊支那本，卷目與西藏同，視北本尤完善。"

南北倒置與臧同，今守山閣所刻者實嘉興本，而云"卷目與西藏同"，益可證臧所謂陝右本者即北藏也。故凡臧、錢序跋中"南""北"字樣，均須互易，而西藏之"西"字，亦須改爲"北"也。

鐵琴銅劍樓藏者二卷，當爲南藏，亦誤稱爲北藏。惟粤雅堂所刻四卷本爲北藏，伍崇曜跋獨不誤，且聲明二卷本爲南藏焉，此伍氏之特識也。聞伍跋多出譚瑩玉笙手，故其誤尚少。

慧苑書儒本五本：

一、臧鏞堂本，二卷，叙錄一卷，嘉慶四年刻。所刻者爲南本，而序誤爲北本。叙錄又有乾隆五十八年錄此書序，時所錄者爲北本，曰："《大方廣佛華嚴經音義》四卷，唐京兆靜法寺沙門慧苑撰，近同里孫淵如編修輯《倉頡篇》，興化任幼植主事輯《字林》，徵引《一切經》、《華嚴經音義》，而二書始見知於世。《唐志》載元應《眾經音義》，而慧苑書未著錄，余見而嗜之，手自纂錄，凡屬梵言，悉從省節，有涉儒義，並列簡編，仍存其卷第篇目，俾後人可考也。"

此序與莊炘《玄應書序》，實相呼應，惟將孫、任二君名次互易，知孫淵如曾爭此二書發見權也，將於下文述之。臧本與藏本及諸儒本大異者，凡音譯之文，悉被刪削，僅存義譯之文，故諸家稱此本爲刪節本，以其變亂古書也。惟此本刻於粵，板式甚精，最近日本京都研究所將《拜經堂叢書》影印，此本在焉。

二、陳氏叢刻本，二卷，道光間江寧陳宗彝刻。

三、守山閣本，四卷，道光間刻。出自嘉興藏本，而跋以爲視北本尤完善，不知嘉興藏本即北本也。全書案語均誤以二卷本爲北本。

四、粵雅堂本，四卷，咸豐四年刻。自言出北藏本，似尚未見臧氏、錢氏之書也。

五、曹籀本，二卷，即取臧氏節錄本與玄應書合刻。

二書新印古本

二書板本，現以磧砂藏本爲最古。磧砂藏者，蘇州陳湖延聖院所刻之藏也。藏刻於宋、元之交，其板久廢，一九三一年發見西安開元、卧龍兩寺有藏本，上海影印宋板藏經會乃集資二十五萬，改梵筴爲方册印行之，一九三五年出版。

先是莊炘宰咸寧，得大興善寺明南藏本玄應書刻之；畢秋帆巡撫陝西，又得明北藏本慧苑書傳之。曹籀言："漢陽葉潤臣有影宋本玄應書，爲人所乾没，遂不傳。"不知西安開元、卧龍二寺，與咸寧大興善寺同在一城，而陝撫又即駐西安城内，其中即有宋、元佳本，乃瞠目而不之見，必待百餘年後，始獲見之，豈非吾人大幸。

此本之佳處，在一語一行，朗若列眉，最爲清楚。二書原編"階、納、陛、弁"四號，即今影印本之四五八至四六一等四册，弁册之後半，即爲慧苑書。惜磧砂藏無影印單行本，不可謂非失察。

二書之流行及利用

二書久在釋藏，然未有人注意。焦竑《國史經籍志》釋家類收羅釋典最多，二書獨不著錄；乾隆初，翻刻全藏，二書亦獨被遺落。乾隆四十七年，任大椿撰《字林考逸》，始利用之，然任書出後，歸安丁小疋杰謂曾著是書，稿存任子田處，子田竊而刻之，作書遍告同人，事見江藩《漢學師承記》六。然《字林考逸》爲誰作，乃另一問題，最初利用兩《音義》者爲《字林考逸》，則尚無異議。

乾隆四十九年，孫星衍刻《倉頡篇》輯本序，言："頃禮部儀制司任君大椿集《字林》八卷，索之彌月，始獲一見。星衍以戊辰之歲，讀書江寧瓦官寺閣，遊覽內典，見元應《一切經》並慧苑《華嚴經音義》，引《倉頡》爲多，隨加鈔撮，兼採儒書，閱五年矣，粗具條理，刊而行之，庶亦小學之助。"

據此序，孫君之意，以爲發見兩家《音義》者自我，非得之《字林考逸》也。然所謂戊辰者何年，謂乾隆十三年乎？則孫尚未生；謂嘉慶十三年乎？則序作於乾隆四十九年。序中所謂閱五年者，無非顯明其在《字林考逸》之先，而未察"戊辰"二字之無著也。岱南閣本《倉頡篇序》如此，《問字堂集》四載此序亦如此，二者均孫君所自刻，何謬誤若此！吾欲爲孫君解釋，謂戊辰爲乾隆四十三年戊戌之譌，則在《字林考逸》之前矣，而與閱五年之説不合。張紹南爲君撰年譜，以閱藏事隸乾隆四十五年庚子，與五年語合矣，然何解於自序之戊辰。《倉頡篇》輯本初稿，乾隆四十六年辛丑曾篆刻於西安，其本今罕見。其自序則北平圖書館印《孫淵如外集》收之，中有"獵於儒書，以及異耑"之句，疑曾採藏經音義，然吾未見其本也。北平館跋語誤以乾隆四十六年爲二十二年，孫君以乾隆十八年癸酉生，是時才五歲，何能著書？推其致誤之由，蓋以辛丑爲丁丑也。然對戊辰之解釋，終無所補益，則姑以疑案存之可也。

乾隆四十九年孫君序又謂："元應、慧苑之書，世多不傳，南宋人博雅如朱子、王應麟，亦未之見。中引古書尤多，足與陸德明《經典釋文》並垂於世，星衍又嘗揄揚其實，屬友刊行焉。"則其後兩書之刻，孫君亦自以爲功，可見其念念不忘兩書之發見權也。平情論之，兩《音義》之流行，《字林考逸》、《倉頡篇》輯本，均不可謂無功。然自宋以來，兩《音義》具存，未嘗亡佚，儒家諸本，迭經寫刻，終不如藏本之古。今後學人所當致力者，一則慧琳《音義》復出，已將兩《音義》收入其中，可資校勘；二則麗本所傳兩《音義》，與宋、元、明本大異，亦堪互證。日本縮刷藏，支那本與麗本並收，最爲有見，惜乎頻伽本以兩《音義》外間多有，竟將麗本削而不收也。

卷　四

《一切經音義》百卷　唐釋慧琳撰

《續一切經音義》十卷　遼釋希麟撰

琳書與玄應書同名，凡《開元録》入藏之經，悉依次音之，有舊音可用者用舊音，餘則自撰。麟所續者，《開元録》以後至《貞元録》之經，續琳書，非續玄應書也，故合論之。

二書在清末爲顯學，其内容體制與玄應、慧苑書同，而部帙數倍之，其可貴自不待言。兹特略其内容，而言其歷史。二書通行者有日本板，及頻伽藏影印本。

慧琳希麟略歷

慧琳，《宋僧傳》五有傳"唐京師西明寺僧，姓裴氏，疏勒國人。始事不空三藏，印度聲明，支那訓詁，靡不精奧。嘗引《字林》、《三倉》，諸經雜史，撰《大藏音義》一百卷，起貞元四年，迄元和五載絕筆，貯其本於西明藏中，以元和十五年庚子卒於所住，春秋八十四矣。迨大中五年，有奏請入藏流行，近高麗國偏尚釋門，周顯德中，遣使齎金入浙中求慧琳《音義》，時無此本，故有闕如"云。

疏勒為漢時舊地，在今新疆南路喀什噶爾。《通典》言："唐時其國王姓裴，侍子常在京師。"頗疑裴姓乃中國人，國於此地，慧琳其支屬也。博通梵漢，綜貫玄儒，在唐代西北耆舊中，當首屈一指。宣統初纂《新疆圖志》，其人物傳絕不聞有此類之人，殊可詫也。傳中有可注意者，貞元四年始撰《音義》時，琳五十二矣，至元和五載書成，琳已七十四，中間凡二十三年，老而不倦，為可敬也。惟此據《宋僧傳》言之，贊寧未見其書，當另有所本。據本書景審序，則言建中末年創製，迄元和二祀而成，與《宋僧傳》所言，相差數歲。然費時二十餘年，書成時年過七十，則二說尚無大異。

《宋僧傳》謂："周顯德中，高麗國遣使入浙，求其書不得。"所謂浙，指吳越國，贊寧諱言之。《宋僧傳》廿五《行瑫傳》謂"慧琳《音義》不傳，瑫述《大藏經音疏》，行於江浙"，亦指吳越國。然當時中國不統一，吳越無其書，未必他處無其書也。試以希麟之書證之，麟所續者琳書，使麟不見其書，則又從何續起。希麟者，燕京崇仁寺沙門，其自序謂："唐建中末，有沙門慧琳，棲心二十載，披讀一切經，撰成《音義》總一百卷。依《開元釋教錄》，從《大般若》，終《護命法》，所音都五千四十八卷。自《開元錄》後，相繼翻傳經論，及拾遺律傳等，從《大乘理趣六波羅蜜多經》，盡續《開元釋教錄》，總二百六十六卷，前音未載，今續者是也。"據此，則麟曾見琳書，知燕京有其本也。希麟序無年月，然卷五"旃蒙歲"條下，謂："旃蒙爲唐代宗永泰元年乙巳，到今統和五年丁亥，得二百二十三年。"則麟書實撰於宋雍熙四年，與《宋僧傳》同時。江浙無是書，燕京何得有是書，言宗教不能不涉及政治矣。

《慧琳音》，大中中雖曾奏請入藏，然廣明之後，長安迭經兵燹，經典自易散亡，燕京地處邊隅，人習"詭隨之俗"，金世宗所謂："遼兵至則從遼，宋人至則從宋，故屢經遷變，而未嘗殘破。"《琳音》與圓照《貞元續開元録》之能保存，及傳至高麗者，亦以此，此談政治、文化者所不可忽也。

二書之流行及利用

乾隆五十一年，莊炘刻玄應《音義序》已知《宋高僧傳》有慧琳《音義》，但恨其不傳。然乾隆二年，日本已有刻本，清人不知也。《書目答問補正》謂："其書見唐《藝文志》，乾隆七年日本重刻。"均不確。光緒初，中日通使，館員始發見其書，認爲舶來佳品，漸有以相饋贈者，會稽陶方琦即利用之以補輯《字林》、《倉頡》；《越縵堂日記》於光緒六年十二月及八年十月、九年十二月，皆曾記是書；十四年陸心源刻《唐文拾遺》，卷二十七採本書景審序，二十九採本書顧齊之序；十八年山陽顧震福利用之以撰《小學鉤沉續編》；二十二年陳作霖撰本書《通檢》；二十七年楊守敬刊《日本訪書志》，於是士林無不知有是書矣。

惟光緒二十二年繆荃孫輯《遼文存》，獨不收希麟《續音序》，蓋不省爲遼僧也。三十年王仁俊輯《遼文萃》，卷二補希麟序，乃舉五證以明之，實則麟之爲遼僧，本書卷五已自言，無煩多證也。

遼時文化本陋，惟燕雲十六州爲中華舊壤，士夫多寄跡方外，故其地佛教獨昌，觀繆、王二家所輯遺文，屬佛教者殆十之六七。京西大覺寺，有遼咸雍四年《清水院創造藏經碑記》，言："有南陽鄧公，捨錢五十萬，募同志印《大藏經》，凡五百七十九帙。"足爲遼有藏經之證。其數比《開元錄》之四百七十九帙，且有增加，故慧琳、圓照、希麟之書，不載於宋藏者，均存於遼藏。《遼史》廿三《道宗紀》："咸雍八年十二月，賜高麗佛經一藏。"此高麗所以有慧琳、圓照之書也。然元至元二十二年撰《法寶勘同總錄》，卷十，慧琳、圓照、希麟之書，皆已著錄編號，是元時本有其書，不待清末始復得之日本也。

至日本之得是書，當在明天順間大將軍源義政向朝鮮請得全藏之時，見本書卷首紀事所引《善鄰國寶記》。陳作霖《通檢序》謂"歷千載而云遙，寄三韓而亡羔，直至明神宗之代，倏遭平秀吉之師，入府先收圖籍"云云，非事實也。今將琳、麟兩《音義》流行表錄後：

  西八一〇 元和五年，《慧琳音義》成。

  八五一 大中五年，奏請入藏。

  八八〇 廣明元年，黃巢入長安，《慧琳音》存京師者亡。

  九三六 後唐清泰三年，《慧琳音》存燕京者，隨燕雲十六州入契丹。

  九五五 周顯德中，高麗求《慧琳音》於浙，不獲。

  九八七 遼統和五年，燕京沙門希麟續《慧琳音》。

  一〇七二 遼咸雍八年，高麗得《慧琳音》於遼。

  一二八五 元至元二十二年，《法寶勘同總錄》著錄《慧琳音》。

  一四五八 明天順二年，日本得《慧琳音》於朝鮮。

一七三七　清乾隆二年，日本翻刻《慧琳音》。

一八八〇　清光緒初，中國復得《慧琳音》於日本。

一九一二　民國元年，頻伽精舍複印《慧琳音》。

羅振玉《面城精舍雜文》甲篇有《慧琳音義跋》，云："昔孫伯淵得玄應書，已詫爲秘册，今慧琳書又數倍於玄應，九原可作，當以此誇示孫伯淵，其快意爲何如。"惜乎清人所謂小學，至是已成強弩之末，羅君乃利用之以考史，如敦煌發見慧超《往五天竺國傳》，首尾殘闕，羅君據《琳音》卷一百所標難字，知爲慧超書。吾人近考《四庫提要》惠敏《高僧傳》之譌，利用此書卷八十九，知爲慧皎書之前帙，皆在聲音訓詁之外，亦在乎善用之而已。

《漢孳室文鈔》正誤

《琳音》復出，陶方琦用之甚早。陶光緒二年進士，曾督學湖南，卒於光緒十年。所著《漢孳室文鈔》,有《紹興先正遺書》本,關涉兩《音義》者,不止一首,其中有偶誤者,不得不加糾正,非敢掎摭前人,欲借此爲輕於立言者戒耳!陳東塾嘗言:"吾黨切不可輕易立說,立說而誤,又煩後人駁正,此書籍所以日多也。"書多亦何妨,但本無事而自擾之,誠可不必。

《漢孳室文鈔》四,有《書〈衆經音義〉中〈大般涅槃經〉及〈妙法蓮華經音〉後》曰:"唐釋元應《衆經音義》卷二有《大般涅槃經》四十卷,卷六有《妙法蓮華經》八卷,相傳爲釋元應撰。近余讀《大藏音義》,知《大般涅槃經音義》兩卷,乃釋雲公撰;又音《妙法蓮華經》八卷,注云沙門大乘基撰。是二經音義,非元應書也。"

正曰:《涅槃》、《法華經》有玄應音,又有雲公及大乘基音。慧琳《音義》卷二十五《涅槃經》用雲公音,二十七《法華經》用大乘基音,而不用玄應音,事本平常,安得因此遂謂玄應書之二經音義,非玄應撰也。

《文鈔》又謂:"元應之書,初無自序,其序乃終南太一山釋氏撰，而不得其名。今觀《大藏音義》，於《大般涅槃經》前有題序一行云：'開元二十一年壬申，終南太一山智炬等集。'是雲公、乘基之音訓，智炬合之於元應《音義》中。《眾經音義》序首所云終南太一山釋氏，即智炬也。考唐《藝文志》中，有智炬《寶林傳》十卷，注云'姓張氏，南陽人，貞觀末'，以時考之，想即其人。"

正曰：終南太一山釋氏爲道宣，本無問題，今存道宣所著書，以此題名者不一，最易證明者，爲《續高僧傳》末結論，稱"終南太一山沙門京兆釋道宣敢告法屬"云云是也。然清人終不識之，至陶君而附會支離更甚。今《慧琳音》卷廿五《涅槃經》前題"開元二十一年壬申歲，終南太一山智炬寺集"，此雲公《涅槃經音義》原題也。"二十一年"四字，當爲後人旁注，不然，"壬申"下"歲"字可省。開元壬申，是二十年，非二十一年，此《琳音》刻本之誤也。終南山智炬寺，見《續高僧傳》廿四《明瞻傳》，陶君以"寺"爲"等"，誤一。

慧琳所採雲公、大乘基之音，與玄應音不同，玄應《涅槃經》及《法華經音》具在，陶君並未一勘，遂謂智炬合之元應音中，誤二。

且所謂智炬寺集者，是單指雲公之音，與大乘基之音無涉，今乃並爲一談，誤三。

智炬是寺名，非僧名，今乃以終南太一山釋氏爲即智炬，發千古之奇聞，誤四。

唐《藝文志》智矩《寶林傳》十卷，法常《攝論義疏》八卷，又《玄章》五卷，注云："姓張氏，南陽人，貞觀末。"所謂姓張氏者指法常，見《續僧傳》十五，非指智炬。今不知法常爲僧名，而謂注者爲智矩，誤五。且唐《藝文志》作"智矩"，亦非作"智炬"也。

貞觀末，下距開元壬申凡八十餘年，貞觀末能著書，至開元壬申，至少當百有十歲。《寶林傳》今尚存七卷，《釋氏通鑑》十謂其書撰於貞元十七年，去貞觀末且百五十年矣，豈得輕爲附會。陶君之文，至是乃無一當也。蓋僅據一舶來《音義》，而於《內典錄》、《開元錄》、《續高僧傳》諸書，未嘗寓目，故有此誤。《十駕齋養新錄》十六言："文集須良友刪削。"陶君卒年僅四十，《文鈔》之刻，不得直諒多聞之友爲之刪削，亦一憾事也。

大乘基即玄奘法師大弟子窺基，見《宋僧傳》四。今稱乘基，亦非。雲公者，疑是牛雲，見《宋僧傳》二十一：雲名亡上字，承文殊記識，前生爲牛，故時號之。開元二十三年乙亥卒，年六十三。《涅槃音義》集於開元壬申，時雲當六十矣。姑以存疑，不敢以爲是也。

《輔行記》四十卷　唐釋湛然撰

本名《止觀輔行傳弘決》，爲天台宗解釋摩訶止觀之書。以其中所引古籍，尚是唐時舊本，可以爲校勘輯佚之用，遂與《一切經音義》等同爲學者所注意，在清末曾流行一時。明南北藏及嘉興藏皆著錄，頻伽本陽字五、六、七凡三册，宋、元、麗及清藏闕。

湛然，《宋僧傳》六有傳，常州荆溪人，建中三年卒，年七十二，爲天台宗九祖。天台宗立於隋智者大師，尊龍樹爲第一祖，北齊慧文、南岳慧思爲第二、第三祖，智者爲第四祖，湛然則智者之五世孫也。

智者大師說摩訶止觀，弟子章安灌頂記之。十卷，卷分上下，凡二十卷。至唐代宗時，湛然爲之注，名曰《止觀輔行傳弘決》，十卷，卷分爲二至六不等，凡四十卷。

摩訶者，大也；止觀猶言定慧，猶言寂照，其義不一；輔行之行，與解對；傳弘二字連讀；決猶要決，猶決擇，其義亦不一。或稱《輔行記》，乃略名，見本書普門子序；或稱《弘決》，則俗稱，非本義也。

《輔行記》爲注疏體，注釋音義之外，兼及古德遺事，故所引外學之書，自經部小學外，並有子史集部，其範圍更廣於《衆經音義》。乾隆間，任大椿撰《字林考逸》，卷六馬部曾一引之，而未盡其用。嘉慶十年，臧庸受王引之之屬，掇錄所引古書爲二卷，未見刊行，僅存其序於《拜經文集》卷二。然臧刻《華嚴音義》，刊落過甚，未愜人意，此書若傳，亦未必勝於其所刻《華嚴音義》也。

《輔行記》卷首比丘普門子序，稱"永泰首元，興唐八葉之四載"，臧庸："考《唐書》代宗廣德二年甲辰，明年正月改元永泰，爲乙巳，則永泰首元，乃八葉之三載，稱四載者，誤。"不知代宗以壬寅年建巳月即位，至永泰元年乙巳，正爲興唐八葉之四載，原序不誤，臧氏自失考耳。清代經生，囿於小學，疏於史事，此其一斑。同治八年，績溪胡澍從明北藏本錄所引古書爲一册，即名《輔行記》，刻入《滂喜齋叢書》，潘祖蔭爲之序。光緒八年，江都張心泰以胡輯尚多漏略，復輯爲二册，亦稱四十卷，刻入《夢梅仙館叢書》。然湛然書藏本多有，不必以節本爲重也。又楊嘉有《輔行記校注》，見《墨香簃叢編》。

《日本訪書志》四有《弘決外典鈔》四卷，鈔於宋太宗淳化二年，其本甚古。"外典鈔"三字，切當不易，惟"弘決"二字非本義，頗嫌割裂，若名"輔行記外典鈔"，則大善矣。一九二七年德富蘇峰氏有影印本行世，可見此書之時髦也。

《景德傳燈錄》三十卷　宋釋道原撰

元、明、清藏著錄，麗藏闕。宋、元皆有單刻本。今通行者有常州本，《四部叢刊》三編景宋本，一九一六年貴池劉氏覆刻元延祐本，一九三五年影印磧砂藏元泰定本。

景德，宋真宗年號，燈能照暗，以法傳人，譬猶傳燈，故名。晁氏《讀書志》釋書類云："其書披奕世祖圖，採諸方語錄，由七佛以至法眼之嗣，凡五十二世，一千七百一人，獻於朝，詔楊億、李維、王曙同加裁定。億等潤色其文，是正差繆，遂盛行於世，爲禪學之源。夫禪學自達磨入中原，凡五傳至慧能，慧能傳行思、懷讓，行思、懷讓之後有五宗，學徒遍於海內，迄今數百年，臨濟、雲門、洞下，日愈益盛。嘗考其世，皆出唐末五代兵戈極亂之際，意者亂世聰明賢豪之士，無所施其能，故憤世疾邪，長往不返。而其名言至行，猶聯珠叠璧，雖山淵之高深，終不能掩覆其光彩，故人得而著之竹帛，罔有遺軼焉。"

《晁志》撰於紹興二十一年。晁氏之意，謂政治混亂之時，有氣節之人，做事固不易，說話亦不易，只可出家做和尚去，此禪宗所以盛於五代也。一部《景德傳燈錄》，不啻一部唐末五代高逸傳，惜乎歐、宋二公皆不喜佛，故《新唐書》及《五代史》皆闕失此等絕好資料焉。

《景德錄》之體制及內容

燈錄爲記言體，與僧傳之記行不同。《弘明集》亦記言，然《弘明集》實記文，燈錄乃眞記言也。

燈錄又爲譜錄體，按世次記載，與僧傳之傳記體不同。且僧傳不限於一科，燈錄則只限於禪宗，在《寶林傳》未發現以前，《景德錄》爲禪宗史最初之一部。自燈錄盛行，影響及於儒家，朱子之《伊洛淵源錄》，黃梨洲之《明儒學案》，萬季野之《儒林宗派》等，皆仿此體而作也。燈錄謂釋迦牟尼以前爲七佛，猶儒家謂孔子以前，有堯、舜、禹、湯、文、武、周公也。以摩訶迦葉至菩提達摩，爲西土二十八祖，以達摩至慧能，爲東土六祖。慧能之下，分南岳、青原二派，南岳下出潙仰、臨濟二宗，青原下出曹洞、雲門、法眼三宗。

宋時燈錄著名者有五家：一、即《景德傳燈錄》，二、《天聖廣燈錄》，三、《建中靖國續燈錄》，是謂北宋三燈。四、《聯燈會要》，五、《嘉泰普燈錄》，是謂南宋二燈。合五燈爲一者，有《五燈會元》，將別論之。

燈錄記載世次方法，各錄不盡同：有從本身計起者，如以青原思爲大鑒之二世是也，《建中靖國續燈錄》、《聯燈會要》等屬之；有從下一代計起者，如稱馬祖爲南岳下一世是也，《景德錄》、《天聖廣燈錄》、《嘉泰普燈錄》及《五燈會元》等屬之。

著者道原宗派

道原爲天台韶國師之嗣，法眼清凉益之孫，故本書記青原諸宗特詳，其二十五、二十六兩卷，又皆法眼兒孫也。

總計本書記南岳法嗣者凡八卷，記青原法嗣者凡十三卷。其記臨濟，至汾陽善昭止，記法眼，至長壽法齊止。長壽法齊者，道原之侄禪師也。然本書記韶國師法嗣四十九人，獨無道原之名，何也？此與《南齊書·豫章王嶷傳》記豫章王諸子，不載子顯之名，同一例耳。

《天聖廣燈錄》二十七於韶國師法嗣下，特補入蘇州承天永安院道原一章；《傳法正宗記》八記韶國師法嗣五十一人，亦於最末列蘇州承天道原名，以是始知道原爲韶國師之嗣也。

端拱元年贊寧上《宋高僧傳》，卷十三有《韶國師傳》，其塔銘亦即贊寧撰，以同在吳越，相知易詳也。然禪宗五家，《宋僧傳》獨闕雲門偃傳，則以越、粵不相接，而寧與偃又異宗也。

本書距《宋僧傳》不過二十年，於十九卷詳載雲門句語，於二十二、二十三卷又詳載雲門法嗣六十一人，可補《宋僧傳》之闕。此豈有黨於所親，亦以支派近，見聞真，史料易於搜集耳。而後世尚有謂此書非道原撰，實出於臨濟者，殊可笑也。

《景德錄》板本

本書於景德間進呈，曾詔楊億等刪定頒行，見本書楊億序。當時應有刊本，今不可得見。近《四部叢刊》三編所景印者，號稱宋代舊刊，合三本而成。據卷首《西來年表》，達摩至中國說，係取《傳法正宗記》爲定。《正宗記》成於仁宗嘉祐六年，尚在《天聖廣燈錄》之後，則此本非道原、楊億原本可知也。

又景德間撰《册府元龜》，其紀年以宋、齊、梁、陳爲閏位，司馬溫公撰《通鑑》，始矯正之。今此表紀年與《册府》異，與《通鑑》同，其撰著當在元豐七年《通鑑》既出之後，則此本非道原、楊億原本，益可知也。

惟此本雖非原本，其大體尚爲道原、楊億之舊，觀書中小注可證。本書小注，可分三種：一、爲道原、楊億舊注，多半屬此。二、爲宋刻本附注，如卷三《達摩章》末注云："凡此年代之差，皆由《寶林傳》錯誤，而楊文公不復考究耳。"據此則知宋時刻本對原書認爲差誤者，尚不敢擅改原文，只加注說明而已。三、爲元延祐本附注，如卷六《越州大珠慧海章》末注云"此下舊本有洪州百丈山《惟政禪師傳》，今移在第九卷百丈山海和尚下"是也。據此知延祐本對原書認爲不合，而有改變者，亦加注聲明，不任便改動也。

又延祐本卷十一《鄧州香嚴智閑章》"動容揚古路，不墮悄然機"二句，注云："此句舊本、福邵本並無，今以《通明集》爲據。"又卷十四《荆州天皇道悟章》，附寂音夢堂詳注兩段，信僞丘玄素碑，謂有兩天王，其説至謬。然對原本並未敢增益，僅附注説明，尚爲愼重，此本書之幸也。

又卷九末延祐本附黄檗希運禪師《傳心法要》，卷三十末附楊億《寄李維書》，叙師承本末，皆《叢刊》本所無，當亦後人所加。然與原書劃然不混，且有此附録，可助研究者之探討，於本書有益無損。磧砂藏泰定本卷首無年表，亦無校正年代差誤等注，疑所據者乃一較早之本也。楊億與撰《天聖録》之李遵勗，同出臨濟，見《天聖録》十八。

《景德録》撰人問題

本書著者爲吴僧道原，本無問題。外學書如淳熙間龔明之所撰之《中吴紀聞》，卷二謂"《傳燈録》

爲永安禪院僧道元著"，元、原雖殊，然非有二人也。惟延祐本有紹興二年長樂鄭昂跋，忽持異論，謂"《景德傳燈錄》本住湖州鐵觀音院僧拱辰撰，書成將游京師投進，途中與一僧同舟，因出示之，一夕其僧負之而走，及至都，則道原者已進而被賞矣。此事與郭象竊向秀《莊子注》同。拱辰謂吾之意欲明佛祖之道耳，夫既已行矣，在彼在此同，絕不復言。拱辰之用心如此，與吾孔子'人亡弓，人得之'之意同。又得楊文公爲之刪定，其書所以可信，與《續燈錄》遣僧採事，而受金廁名以亂真者有間"云。

此跋可稱毒箭，欲以一矢貫雙雕，而不知其說之無稽也。道原爲韶國師之嗣，前文已具。今以拱辰世系考之，拱辰者，金山曇穎之嗣，李遵勗之侄禪師也。金山穎、西餘辰之名，始見《建中靖國錄》四及八。道原之名見《天聖錄》，又見《傳法正宗記》，先於《建中靖國錄》者凡八十年。《景德錄》十三、《正宗記》八，記臨濟之嗣，皆止於拱辰之前二代，尚未有金山穎之名，拱辰更無論矣。

道原、拱辰確實卒年無考，然兩家先世卒年幸存，亦略可比較。韶國師卒於開寶五年壬申，年八十二，道原當生於五代之時。金山穎卒於嘉祐五年庚子，年七十二，後韶之卒，凡八十九年。則辰與原實不相接，何由有同舟相遇之事乎！楊億序明言"裁定此書，周歲方畢"，既係同途入都，何能進呈被賞如是之速乎！今頻伽藏總目，於此書下設爲疑詞，云"舊題宋道原纂"，已受昂跋影響。頻伽藏蓋用延祐本也，磧砂藏元泰定本無鄭昂跋。延祐本閩刻，磧砂本吳刻，後延祐本八年。

竊嘗思之，拱辰未必有是言，鄭昂亦未必造此語，必當時有此傳說，鄭昂不察，遽以入跋。《四部叢刊》三編本張菊翁跋，遂亦信之，謂："著此書者名道原，而實拱辰也。"嗚呼！君子可欺以其方，吾恐復有被欺之君子，故不得不辭而闢之。

然何以有此謠？必欲張臨濟之軍者所爲也。然何以實之拱辰？則以拱辰曾著《祖源通要》三十卷，與此書體制相類也。何以謂鄭昂之跋，欲以一矢貫雙雕？則以其既攻法眼之道原，并攻雲門之惟白也。《續燈錄》爲佛國惟白撰，今謂《續燈錄》遣僧採事，受金厠名，此非忌雲門者之詞乎！惟白者，雲門六世孫也。北宋三燈撰者：一法眼，一臨濟，一雲門，若以青原、南岳別之，則青原二，南岳一也。鬥諍之源，有關於此，將另詳之。

《五燈會元》二十卷　宋釋普濟撰

清《四庫》著錄。有重刻宋寶祐本及元至正本。五燈者：

一、《景德傳燈錄》，法眼宗道原撰，見前。

二、《天聖廣燈錄》，臨濟宗李遵勖撰。天聖距景德不遠，各宗世次，增加無幾，惟於《景德錄》章次，略有更易，人數及句語，略有擴充，故不名續而名廣。

三、《建中靖國續燈錄》，雲門宗惟白撰。建中距景德近百年，其書志在續道原書，故名《續燈錄》。

四、《聯燈會要》，南宋淳熙十年臨濟宗悟明撰。距建中靖國約八十年，其書志在合北宋三燈為一書，而續其所未備，故曰《聯燈會要》。

五、《嘉泰普燈錄》，雲門宗正受撰。嘉泰距建中靖國約百年，距淳熙不過二十年，然此書實未見《聯燈》。因天聖、建中二錄，不載師尼及王臣，故特補之，曰："燈之明不擇物而照，何獨收比丘而遺帝王公卿、師尼道俗耶！"惜其照之不普，故著書名普。

右五燈各三十卷。中多重復，普濟刪繁就簡，合五燈爲一，故名曰《會元》。

《會元》之體制及內容

自《景德錄》頒行後，不滿二十年，而李遵勖即廣之；不滿三十年，而王隨復刪之爲《玉英集》十五卷。據袁本《晁志》："隨以《傳燈錄》繁冗難觀，刪爲此錄，景祐甲戌上之，詔書獎答。"有致堂胡氏序，見《斐然集》十九，名《傳燈玉英節錄序》；又見《通考·經籍考》。陳氏《解題》於《雪峰廣錄》條下，謂："隨與楊大年，皆號參禪有得者。"是知《燈錄》之編，不能盡如人意。今《玉英集》有《宋藏遺珍》影本，《廣燈錄》有續藏經影本，均未見能勝《景德錄》，則改編亦殊不易也。

五燈除《聯燈》外，北宋三燈晁氏皆著録，《普燈》陳氏亦著録，且皆見收於《通考》。陳氏曰："本初自謂直指人心，不立文字，今四燈總一百二十卷，數千萬言，乃正不離文字耳。"陳氏對釋家態度，與晁氏不同，故輒爲微詞。然五燈總一百五十卷，疊床架屋，誠有歸併刪除之必要。譬之儒書，則五燈者猶宋、齊、梁、陳諸史，而《會元》則李延壽之書也。

《十七史商榷》五十三謂："《新唐書》過譽《南》、《北史》，平心觀之，延壽只是落想佳。因南北八史，合有鳩聚鈔撮之功，延壽適承其乏，人情樂簡，故得傳世。"吾今於《五燈會元》亦云然，自《南》、《北史》行，而八史多殘闕；自《五燈會元》出，而五燈遂少流通，同一例也。

《會元》由一百五十卷，縮爲二十卷，表面似減去原書七分之六，而内容實減原書二分之一耳。《會元》卷厚，清藏改方册爲梵筴，析爲六十卷，其原卷之厚可知也。

五燈向以南岳、青原分叙，以下不復分宗。世次既多，支派繁衍，大宗難於統攝，自應分立小宗，以爲之樞紐，庶閱者沿流溯源，易得要領。《普燈錄》於南岳、青原之下，復注小宗，較爲明晰。然每於一卷之内，南岳、青原間出，轉覺迷離。《會元》後《普燈》約五十年，各卷宗派分明，其法更爲進步，故内學、外學，均喜其方便，元、明以來，士大夫之好譚禪説者，遂無不家有其書矣。惟諸本皆有目録，無總目，不便觀覽。今揭其總目如下：

卷一　　　　　七佛至東土六祖

卷二　　　　　四、五、六祖法嗣及應化聖賢

卷三、四　　　南岳讓至五世

卷五、六　　　青原思至七世及未詳法嗣

卷七、八　　　青原下二世至九世

卷九　　　　　南岳下二世至八世潙仰宗

卷十　　　　　青原下八世至十二世法眼宗

卷十一、十二　　南岳下四世至十五世臨濟宗

卷十三、十四　　青原下四世至十五世曹洞宗

卷十五、十六　　青原下六世至十六世雲門宗

卷十七、十八　　南岳下十一世至十七世黄龍派

卷十九、二十　　南岳下十一世至十七世楊岐派

最可異者，法眼宗成立最遲，應列雲門之後，今乃列臨濟之前，頗爲世所譏議。試解釋之：蓋以法眼先絶，止於青原十二世，不溯其始，而計其末，應列在臨濟之前也。清順治初，曹洞宗永覺元賢撰《繼燈錄》凡例，則以此爲抨擊《會元》口實矣。曰"五宗次序，《景德錄》及《正宗記》俱先青原，後南岳，大川乃私黨己宗，以南岳先青原，又恐人諍論，故復以法眼先臨濟，紊亂極矣"云云。大川即普濟。其實《景德錄》於各卷叙述，亦先南岳後青原。惟卷五叙六祖法嗣時，青原先於南岳耳。此固無聊之争，而斤斤不已，亘數百年而未息也。

普濟派系

普濟，四明奉化張氏子，與撰《聯燈》之悟明，同出於臨濟之楊岐派，爲大慧杲三世孫。大慧杲者，紹興十一年，因上堂説法，招秦檜之忌，被編置衡州者也。以世法論之，濟與明爲同曾祖昆弟，然濟並不黨於明。《聯燈》卷十九於石頭遷法嗣大顛和尚下，增入韓文公問師語句，《會元》卷五仍之；《聯燈》卷二十復以韓愈爲大顛法嗣，並有語句四則，頗爲識者所笑，《會元》卷五則删之矣。又北宋雲門盛時，與雲門競者僞造天王碑，以天王嗣馬祖，《會元》卷七以此事附小注，而不敢公然列天王於馬祖之下，如後來《佛祖通載》等所爲，亦足見其審慎。康熙初，洞下著《法門鋤宄》，謂"此注爲越州開元業海清公於元至正甲辰重刻《會元》時添入，大川原本從無是注，清公不考真僞，惑世誤人，可謂業海"云。不知此説著於北宋末《林間録》，縱使《會元》不加附注，人豈不知，未足爲《會元》病。且此注宋寶祐本已有，不待元時始添入，今竟以此罪業海，豈不冤哉！讀書不能不多聚異本，此亦一證也。

《會元》板本及撰人問題

本書向傳元至正本，即所謂業海清公重刻本是也。卷首有釋廷俊序，言"本書爲宋季靈隱大川濟公集學徒所作，板毀，今會稽開元業海清公重刊之"云云。

明嘉靖、萬曆間，此書迭有刊本，然未嘗入藏。

嘉興續藏第六十及六十一函，雖有是書，究非官板。其正式入藏，自清龍藏始。清藏析爲六十卷，然自明以來，諸本皆從至正本出。光緒初，宋本始由海外歸來，卷首有淳祐十年壬子冬普濟題詞，又有寶祐改元王楠序，卷末有寶祐元年武康沈净明跋，是爲宋寶祐本。自此本出，而本書撰人又生問題矣。

本書彙集五燈而成，於史料搜集一層，全不費力，所費力者，特編排聯綴之工而已。此種編排聯綴之工，苟有老師爲之主持，發凡起例，即可令學徒從事纂輯。至於去取標準，隨時禀承，自可就範。

普濟爲當時老宿，據今存《大川語錄》附大觀撰《行狀》，大川卒於寶祐元年癸丑正月八日，年七十五，弟子七十餘人。是此書刻成之年，即大川卒年，在本書題詞後一二月耳。

本書題普濟撰，向無異議，光緒二十八年壬寅，貴池劉氏覆刻寶祐本跋，始以爲非普濟撰，而爲慧明撰。劉君矜爲創獲，曰"《四庫提要》以爲靈隱寺僧釋普濟字大川者所撰，按此本王楠序，獨云慧明首座，萃五燈爲一集，則撰人名慧明，非作序之普濟。

當是內府本無王楙序。非此宋本復顯，訂正撰人之誤，後世誰復知慧明所著，是尤見宋本之足貴"云。光緒三十一年乙巳，況周儀撰《蕙風簃隨筆》卷二，於《五燈會元》條下，即採其說。

一九三〇年庚午，長沙復將寶祐本影印，劉善澤跋亦云"焦竑《經籍志》、錢氏《補元史藝文志》著錄此書，並作普濟撰，藉非宋槧復出，踵譌貽謬，殆終無訂正之時。檢嘉靖本釋廷俊序，云：'宋季靈隱大川禪師濟公以五燈爲書浩博，學者罕能通究，迺集學徒作《五燈會元》。'廷俊此序作於元至正甲辰，距宋寶祐癸丑，相去才百年，已不知爲慧明書，而漫焉不加考覈，斯爲疏矣"云。然吾以爲廷俊豈不知，序明言集學徒爲之，慧明即學徒之一也。普濟卒於宋寶祐元年，錢氏之誤，在誤以本書入元《藝文志》，其以爲宋末靈隱寺僧普濟撰，未嘗誤也。錢氏未見普濟《行狀》，不知普濟卒年，據廷俊序以爲宋末人，當卒於元初，故以入元《藝文志》，史料不備，推想如是，亦未爲大誤。

寶祐本沈净明跋言："禪宗語要，具在五燈，卷帙浩繁，頗難兼閱。謹就靈隱禪寺，命諸禪人集成一書，以便觀覽。"則是書實發起於沈氏，慧明蓋諸禪人之一，普濟其主編也。若必以此書爲慧明撰，恐諸禪人未必心服。且當時大川並不以《會元》重，故《行狀》略不及之，而《五燈會元》則反藉大川以行也。

慧明不知何許人，王楙序稱爲首座，則爲當時小師可知。吾友莫天一撰《五十萬卷樓藏書目》卷十四，據《新續高僧傳·淨讀篇》，謂"慧明字無晦，鹽官人，晚居常照寺，持彌陀號，日數萬聲，慶元五年春累足而逝"云。此亦沙門同名易混之一例也。慶元五年，下距寶祐元年凡五十四載，枯骨何能著書？莫先生目錄印行後，吾始得見，未及爲之追改矣。

卷　五

《寶林傳》十卷　唐釋智炬撰

一九三五年，《宋藏遺珍》影印本名《雙峰山曹侯溪寶林傳》，唐《藝文志》著錄。寶林者，韶州曹溪寶林寺也，六祖真身在焉。智炬《唐志》作"智矩"，傳寫誤也。

此書爲禪宗史惟一史料，《景德錄》及《傳法正宗記》均取材於此。惟其言不雅馴，薦紳難言，故《正宗記》用之而復貶之。正如吾人今日欲考中國天主教史，不能不用傳教士所著之書也。

然此書自明以來，已不見著錄。元末虞集序《佛祖通載》，謂"寶林等傳，世久失傳"。《宋史·藝文志》有《寶林傳錄》一卷，云"不知作者"，當是一殘本。《至元法寶勘同錄》作九卷，想已缺一卷。又題曰"宋陵沙門智炬集"，"宋陵"爲"朱陵"之譌，朱陵者南岳也。

宋咸淳間，本覺撰《釋氏通鑑》，係此書於唐貞元十七年條下，曰："金陵沙門惠炬，天竺三藏勝持，編次諸祖傳法偈讖，及宗師機緣，爲《寶林傳》。"《釋氏稽古略》因之，又改金陵爲建康，蓋皆未見原書也。《釋門正統》卷八《義天傳》，言："遼國曾令義學沙門詮曉等，再定經錄，《六祖壇經》、《寶林傳》，皆被焚。"此亦傳本稀少之一因。

始吾讀《釋門正統》、《佛祖統紀》等天台宗撰述，數攻擊此書，求之久而未獲。一九三三年，日本發見一寫本，僅存第六卷，以爲奇寶，先在《東方學報》發表，復由東方文化學院東京研究所珂羅版印行。一九三四年，吾人亦在山西趙城縣廣勝寺，發見卷子刻本一部，存一、二、三、四、五、八等六卷，爲金初民間刻本，在宋則爲紹興間也。一九三五年收入《宋藏遺珍》，改爲方册本，影印以行。茲揭其内容如下：

    卷一　釋迦牟尼及一祖。前缺三紙，每紙約二十三行，行約十四字。

卷二　二祖至八祖。刻藏時已缺，取《聖胄集》補之，今《聖胄集》亦佚。

卷三　九祖至十七祖。

卷四　十八祖至二十二祖。

卷五　二十三、二十四祖及師子弟子。前缺一紙。

卷六　二十五、二十六祖。缺，以日本藏寫本補之。

卷七　缺。

卷八　二十八至三十祖。

卷九　缺。

卷十　刻藏時已缺。

《至元法寶勘同錄》著錄九卷，當即此本。蓋原缺第二、第十兩卷，第二卷以《聖胄集》補之，仍缺第十卷也。

數十年來，若敦煌，若海外，若地下，若古寺院，遺珍迭出，學者眼福，百倍前人。惟《寶林傳》原書並不佳，不過取其爲古本而已。《傳法正宗記》雖採此書，然《正宗論》卷上，亦謂"其文字鄙俗，序

127

致煩亂，不類學者著書，或錯誤差舛，殆不可按，是必所承西僧，泛傳不審，而傳之者又不能裁之"云云。

今觀其書，即以年代一節論，舛誤者十之八九，蓋依據一俗陋年表所爲，而《景德録》仍之，如一祖至十三祖各章是。有經《景德録》改正者，如十六、十七、十八、十九、二十、二十二祖各章是。有《景德録》改而仍誤者，如二十一、二十四祖各章是。此《正宗記》所以遇有年代處，則盡删削之，知其不足取信也。

其卷八載"達摩以梁武帝大同二年丙辰十二月五日丁未終於洛州禹門，二十八日庚午，昭明太子奉敕撰祭文，時魏太和十九年十二月"云。按梁大同二年，不當魏太和十九年。梁大同二年十二月丁卯朔，其五日非丁未，二十八日亦非庚午。據《梁書》八，昭明太子以中大通三年辛亥四月薨，年三十一。大同二年，昭明卒已五年矣，何能爲達摩撰祭文，此真可爲噴飯者也。同卷又有二十九祖（即東土二祖）可大師碑，題唐内供奉沙門法琳撰，法琳見《續高僧傳》

二十四，又有唐彥悰撰《法琳別傳》。法琳未聞掌內殿道場，何云內供奉。據贊寧《僧史略》，內供奉授僧，始自唐肅宗，唐初何能有內供奉沙門，此謬之顯然者。且法琳著述存於今者，尚有《破邪論》、《辯正論》等，其風格絕與可大師碑文不類。

碑又有"東山之法，於是流焉"之句。因東土四祖信與五祖忍，並曾住蘄州東山寺，後人始目其法為東山法門。四祖卒於永徽二年，五祖卒於高宗上元二年，琳先以貞觀十四年卒，何能於二祖碑預有東山法門之語，此皆不足信者也。

惟其書撰自中唐，傳世已古。一九三五年河北省磁縣出土之元和十二年李朝正重建梁武帝達摩碑，其文即出於此。又其所載師子以後世系，與今本《壇經》全同，皆足資考證，正不必以其鄙俚而廢之也。

一九二九年，胡適撰《荷澤大師神會傳》，一九三四年記北宋本《六祖壇經》，均謂："今本《壇經》所載師子以後世系，為契嵩和尚所改。"並謂"今本《景德錄》，亦依契嵩說追改，非《景德錄》原本"云云。時《寶林傳》尚未復出，故推論如此，其實今本《壇經》與《寶林傳》同，其説遠在中唐，爲《景德録》、《正宗記》等所依據，不自契嵩始也。至謂今本《景德録》爲依嵩説所追改，亦非，因《景德録》後尚有《天聖廣燈録》，所載亦與《寶林傳》同，能改《景德録》，未必能改《天聖録》，更未必能改《寶林傳》也。

《北山録》十卷　唐釋神清撰

一九二一年景印宋刻本。唐《藝文志》作《參元語録》，《宋志》作《北山參元語録》，焦竑《國史經籍志》《參元語録》與《北山語録》重出，《季滄葦書目》作《宋遼北山録》，則因卷首有沈遼序而誤也。

神清，《宋僧傳》六有傳，梓州慧義寺沙門，元和中卒。傳稱其"好著述，都百餘軸，並行於代。就中《北山參玄語録》，博綜三教，最爲南北鴻儒名僧高士之所披翫。寺居郪城之北，長平山陰，故名北山；統三教玄旨，實而爲録，故名參玄"云。以是知《唐》、《宋志》所著録者即此書也。

是書爲理論體，頗似周秦諸子。以三字或二字爲題，如《天地始》、《聖人生》、《異學》、《外信》等，凡十六篇。薈萃孔、老、莊、列、荀、揚、班、馬之言，而折衷以釋氏。書甚古雅，惟因其中有關涉禪宗世系之說，頗爲禪者所攻擊。契嵩《鐔津集》有《評北山清公書》，即指此。

此書未經入藏，傳本甚少。民國初年，發見兩殘本：一存一至三、七至十卷，爲項氏天籟閣舊藏，西蜀草玄亭沙門慧寶注，前有錢唐沈遼序，後有殿中丞致仕丘濬後序，皆熙寧元年撰。一存一至六卷，爲華亭朱氏文石山房舊藏，附《注解隨函》二卷，儀封縣平城村比丘德珪撰。同人乃醵貲合兩本影印行世，其原本後歸南海潘氏寶禮堂。

慧寶注，卷三末有開寶六年事，卷十有宋太宗登極時事，則北宋初人。德珪注頗糾寶注之失，第四篇引《傳燈錄》，第七篇引《僧史略》，則又在贊寧《僧史》、《景德傳燈》之後矣。書有差誤，注輒爲糾正，而不改原文；注有差誤，《注解隨函》亦正之，而原文不動，最爲合法。惟《隨函》卷末有刻主題名一葉，稱"宣授講主心印，廣福大師全吉祥，謹施長財，陸續重刊"云云。字體圓柔，不似本書之方勁，乃知爲元初重刻宋本，苟無此葉，則全書均可充宋本矣。僧稱吉祥，惟元有之，詳《十駕齋養新録》九。

神清爲義學僧徒，博極群書，對禪宗時致不滿，卷六《譏異説》篇尤甚，謂："《付法藏傳》止有二十四人，其師子後舍那婆斯等四人，並餘家之曲説，又第二十九名達磨多羅，非菩提達磨也。"以是頗爲禪者所詬病。

明教嵩撰《傳法正宗論》四篇，即爲對神清而發，《正宗記》卷二末，《評北山清公書》云："唐高僧神清，不喜禪者，自尊其宗，乃著書而抑之。固哉清也，徒肆己所愛惡，而不知大謬先聖，雖能編連萬世事，亦何益乎！書曰'記問之學，不足爲人師'，清之謂也。"嵩雖掊擊清書，然與嵩並世之台宗僧徒，亦對嵩書還擊，勝負未分也。清攻擊禪者，謂師子後舍那婆斯等四人，並餘家曲説，未明指何書，慧寶注以爲指《寶林傳》，德珪注又謂舍那婆斯名誤，應云婆舍斯多。此皆知有《寶林傳》，而不知《寶林傳》

之外，尚有諸書，如《歷代法寶記》之屬也。作舍那婆斯者，乃諸書根據《達摩多羅禪經》及《出三藏記》薩婆多部目錄而來，非誤也。《寶林傳》以達摩爲二十八代，今清書謂達摩多羅爲二十九代，是《歷代法寶記》之說，非《寶林傳》之說也。慧寶以甲作乙，德珪又以不誤爲誤，非敦煌發見《歷代法寶記》，趙城發見《寶林傳》，吾人又何從而正之？則新史料之發見，不可不刻刻留心也。

《傳法正宗記》十卷、《正宗論》二卷

宋釋契嵩撰

宋、元、明、清藏著錄。嵩所撰尚有《輔教編》三卷，晁氏及《宋志》，明、清藏皆著錄；又有《鐔津集》十九卷，明北藏著錄，前三卷即《輔教編》重出，蓋萬曆時續入藏者，明南藏及清藏無《鐔津集》。

《鐔津集》，《四庫》別集類五作二十二卷，蓋由弘治本出，即今《四部叢刊》三編所影印者是也。與

藏本分卷不同，而內容次第無異，蓋同出於永樂本。惟《四庫提要》謂王士禎《居易錄》十七載《鐔津集》十五卷，當另一本。

《鐔津集》卷首有陳舜俞撰《明教大師行業記》，言："嵩所著書，自《定祖圖》而下，謂之《嘉祐集》。"今卷末附錄諸師著述，有惠洪《禮嵩禪師塔詩》，見《石門文字禪》五，而《文字禪》十九有《嵩禪師贊》，附錄卻未收。附錄又有無名序一篇，永樂、弘治兩次刊本，均疑爲著《湘山野錄》之瑩道溫作，而不知即《文字禪》二十三之《嘉祐集序》，亦可見明代僧徒之陋也。

契嵩生平

契嵩字仲靈，藤州鐔津人，今廣西梧州藤縣，熙寧五年卒，明教其賜號也。行跡具陳舜俞撰《行業記》及《禪林僧寶傳》二十七。

《東坡志林》三言"契嵩禪師常瞋，人未見其笑；海月慧辯師常笑，人未見其怒。予在錢塘，親見二人，皆趺坐而化。嵩既荼毗，火不能壞者五；海月比葬，面目如生，且微笑，乃知二人以瞋喜作佛事"云。

海月慧辯，與辯才元净皆天台宗，明智祖韶弟子。海月熙寧六年卒，辯才元祐六年卒，其塔銘皆蘇子由撰，見《欒城後集》二十四。《東坡後集》十六有祭龍井辯才文，曰："嗚呼！孔、老異門，儒、釋分宫，又於其間，禪律相攻。我初適吴，尚見五公，講有辯、臻，禪有璉、嵩，後二十年，獨餘此翁，今又往矣，後生誰宗！"

此翁謂辯才，辯、臻則海月慧辯與南屏梵臻也。臻亦天台宗，四明知禮弟子，視慧辯爲侄。釋可觀《竹庵草錄》諸宗立祖條言"昔日南屏臻老，曾與嵩仲靈往復辯正"，即其人。蓋與嵩異派相攻者也，而東坡則並交之。

璉者，大覺懷璉，與嵩皆雲門四世孫，所謂同高祖昆弟也，《禪林僧寶傳》十八有傳，元祐五年卒。北宋雲門之盛，璉與嵩皆其中健將。是時天台與雲門旗鼓相當，工力悉敵，復有士大夫周旋其間，故特形其盛。天台派《佛祖統紀》十五嘗論之，曰："智者之爲道也，廣大悉備，爲其徒者自尊信之，未足以信於人，惟名儒士夫信而學焉，斯其道爲可信也。智者之世，有徐陵、柳顧言；荆溪之世，有梁肅、李華；明智之時，有晁以道、陳瑩中。是數君子，不特知道，又能立言以贊之，故智者之道愈光也。"

此明智名中立，與祖韶同賜號，而後卒五十餘年，亦得士夫之信仰者也。然吾以爲豈獨士夫贊之能致其光大，士夫毀之亦能致其光大也，特患人置之不論不議之條耳。何以言之？晁以道嘗言之矣，《景迂集》十四曰："予嘗怪韓文公、歐陽公力排浮圖，而其門多浮圖之雄，如澄觀、契嵩輩，雖自能傳於後世，而士大夫今喜稱道之者，實二公之力爲多也。往年孤山智圓，凜然有名當世，讀書甚博，性曉文章經緯，師法韓文公，常責其學者不如韓能有功於孔氏；近則嵩力辯歐陽之謗，有古義士之風。是二人者，忘其讎而慕其善，又一反也。"

此所謂相反而實相成也。孤山智圓爲台宗之山外派，台宗有山家、山外之分，將另論之。智圓著書滿家，其文集名《閑居編》，取法乎韓，契嵩著書名

《非韓》，而文實學韓。《鐔津集》十有《上歐陽侍郎書》，曰："今天下之士，指閣下之門猶龍門，而閣下之門難升，又過於李膺。若某者，山林幽鄙之人，無狀以書奏天子，因而得幸下風，不即斥去，引之與語，溫然，乃以讀書爲文見問，此特大君子與人爲善，誘之欲其至之耳。"

嵩固非韓者也，何其聲之似韓也。然惟其似韓，故當時禪講雖不相能，嵩與辯又瞋喜不同道，而辯竟有求嵩之事，是亦學韓之力也。《鐔津集》十五有《慈雲式公行業曲記》，式公者遵式，天台大師，慧辯之祖，而明智祖韶之父也。其文曰："蒙識韶公幾三十年，晚山中與其游益親。韶公耆年淳重，名德之師也。嘗以大法師實錄命余筆削，始以敝文不敢當，及蒙奏書還，而韶公已物故，方感慨，今辯師益以錄見託，願成就其師之意。辯師端審善繼，又明智之賢弟子也，會余避言山中，囑之愈勤，顧重違其師之命。姑按韶公實錄而論次之，命曰《曲記》，蓋曲細而記其事也。"一行業記耳，何人不可爲，而必有待於嵩者，以其聲之似韓也。智圓而在，或無所求於嵩，嵩卒後一年辯卒，嵩而在，辯塔銘亦或無所求於子由也。因論嵩生平，而連類及之如此。

《正宗記》之內容及得失

《正宗記》爲傳記體，其書在《景德》、《天聖》二錄之後。於唐以來禪宗二十八祖世系，宗《寶林傳》，而求古籍以證明之，解釋之。嘉祐六年進之朝。

卷一　爲《始祖釋迦如來表》。名爲表，實非旁行斜上之體也，蓋一世譜而已。

卷二至六　爲迦葉至東土六祖大鑒止。

卷七、八　爲《正宗分家略傳》。記大鑒以下至十二世，凡一千三百四人，其有行跡可紀者，以見於《景德》、《天聖》二錄及《宋高僧傳》，故略其行事，只叙其世次。嵩爲大鑒十一世，然卷八記雲門之嗣，至嵩本師洞山曉聰而止，不及本身，亦猶《景德錄》道原之意也。

卷九　爲《旁出略傳》。叙六祖以前旁支世系，凡二百五人。又《宗證略傳》十人，皆本書所據各說之譯者著者，不分緇素，故裴休、劉煦在焉，以曾採裴撰《圭峰傳法碑》及《舊唐書·神秀傳》也。

卷十 爲《傳法正宗定祖圖》。繪三十三祖傳法故事，今藏本則有說無圖矣。

《正宗論》二卷，四篇，則闡明達摩之法，的有師承，以破神清《北山錄》及《付法藏傳》之說，曰："後魏毀教時，僧曇曜於倉皇中，單錄諸祖名目，亡於山野，會文成帝復教，前後更三十年。當孝文帝之世，曇曜進爲僧統，乃出其所錄，諸沙門因之爲書，命曰《付法藏傳》，其所差逸不備，蓋自曇曜逃難致然也。"

其重要之根據，則在《出三藏記》之薩婆多部師承目錄及《達摩多羅禪經》。然二書只有達摩多羅，無菩提達摩，故《景德錄》於菩提達摩下曰"本名菩提多羅"，《正宗記》改曰"初名菩提多羅，亦號達摩多羅"。又於《定祖圖》菩提達摩下注云："其名稱呼不同，如達摩多羅，凡三四說。"其所以必須如此解釋者，蓋就已成之說而彌縫之、補救之，以求合於古籍，亦煞費苦心矣。

其必不可掩飾，如《寶林傳》所紀年代，十誤八九，《景德錄》改而仍誤，《正宗記》則一概芟夷之，曰："《寶林》、《傳燈》二書，皆書天竺諸祖入滅之時，以合華夏周秦之歲甲。然周自宣王以前，未始有年，又支、竺相遠，數萬餘里，其中渺茫隔越，吾恐以重譯比較，未易得其實，輒略其年數甲子，而存其帝代焉。"

此亦堅壁清野之法，欲使人無所藉口也。然因史學常識不豐富，每以不誤爲誤。如卷五《達摩傳》注云"《傳燈錄》諸書舊説，並云達摩來梁在普通八年，今按史書，普通祇七年，惟今王佑《長曆》甲子數或有八歲，可疑"云云。不知普通八年三月十一日，始改元大通，明著梁史。《長曆》列有八年，有何可疑。輕於立論，未免爲識者所笑耳。

年曆之外，《寶林傳》所載文獻多不足據，如梁武帝撰《達摩碑》及昭明太子撰《達摩祭文》等，《景德錄》均削而不載，蓋其慎也，而《正宗記》反採之。當《寶林傳》未復出時，吾不知其所本，今二文均見《寶林傳》八，乃知《正宗記》實本於此也。

《寶林傳》又有二十九祖可大師碑，題唐内供奉沙門法琳撰，中有"東山之法，於是流焉"之句，以內供奉授僧及稱禪宗爲東山法門事皆在法琳以後，此碑之僞顯然。《正宗記》採其中之傳說可也，據此碑以攻《唐僧傳》不可也。今《正宗記》六《可大師傳》後，評《唐僧傳》云"《唐僧傳》謂可遭賊斷臂，與予書曷其異乎！余考法琳碑，師乃雪立數宵，斷臂無顧，投地碎身，營求開示。然爲《唐傳》者，與琳同時，琳之說與禪者書合，而宣反之，豈非其採聽之未至乎，故其書不足爲詳"云。此可見嵩於史料真僞之鑒定法，殊未注意也。

然嵩不特攻《唐傳》，且並攻贊寧。《正宗論》四云："初宣律師以達摩預之習禪高僧，降之已甚，復不列其承法師宗，蒙嘗患其不公。贊寧僧録，繼宣爲傳，論習禪科，尊達摩之宗，及考寧所撰《鷲峰聖賢録》，蓋亦傍乎《寶林》、《付法藏》二傳，非有異聞，其所斷浮泛，終不能深推大經大論，而驗實佛意，使後世學者益以相疑，是亦二古之短也。"

嵩蓋工於爲文，疏於考史，又往往爲感情所蔽，於僞史料既不能割愛，於前輩復肆意譏評。《四庫》

《鐔津集》提要謂其恃氣求勝，東坡謂其常瞋，未見其笑，蓋天生性格使然，無足怪矣。

《正宗記》板本

《正宗記》吾所見嘉興藏本、頻伽藏本、揚州磚橋刻經處本，《定祖圖》皆無圖，惟磧砂藏本，圖繪甚精。其卷首記云："平江路磧砂延聖寺大藏經局，今依福州開元禪寺校定元本《傳法正宗記》一十二卷，重新刊板流通。其明教大師所上之書，及入藏劄子，舊本皆在袠尾，今列於首，庶期展卷，備悉所從。延祐二年乙卯五月日，住持傳法比丘清表題。"

所謂福州開元寺本，即南宋隆興二年甲申所刊者也，今藏本皆由隆興福州本出。據宋濂《學士文集》卷三十，有《傳法正宗記序》，云："唐興，曹溪大弘達摩之道，傳佈益衆，義學者忌之，而神清爲甚，乃據《付法藏傳》所列，謂師子遭難，絶嗣不傳。猶以爲未足，誣迦葉爲小智，不足承佛心印，指禪經實後來傅會，難以取徵。而好議論之徒，紛紛起矣。宋明教大師契嵩讀而痛之，博採《出三藏記》，洎諸家記載，爲《傳法正宗記》，以闢義學者之妄。其衛道之嚴，凜凜乎不可犯也。"是爲洪武甬東本，吾未之見，僅介宋序如右。

《釋門正統》八卷　宋釋宗鑑撰
《佛祖統紀》五十四卷　宋釋志磐撰

二書皆天台宗所撰之佛教史。《正統》撰於嘉熙間，《統紀》撰於咸淳間，相距不過三十年。後書大抵以前書爲藍本，增加史料而改造之，然前書未可廢也，故合論之。

二書之體制及内容

二書皆仿"正史"體，有本紀、世家、表、志、列傳、載記等名目。天台宗立於陳、隋間智者大師，尊龍樹爲高祖，後人又以智者爲四祖，唐時荆溪湛然爲九祖。會昌毀佛，教典淪佚，吳越王求遺書於高麗，斯道復振。北宋初四明知禮，遂致中興，賜號法智，天聖六年卒，自是天台子孫皆法智之後矣。

《釋門正統》者，以天台宗爲正統，立釋迦牟尼、龍樹爲本紀，天台東土諸祖爲世家，又有八志，志之後爲傳，末有載記，仿《晉書》十六國例，以天台以外諸宗入載記。

《佛祖統紀》則稍變其例，自釋迦牟尼、西土二十四祖、東土九祖，以至四明知禮，凡十七祖，均立本紀，以諸祖旁出爲世家，旁出者猶"正史"之諸王傳也。世家後列傳十二卷，《四庫提要》此書附存目，作列傳十三卷，誤。傳後爲表，表後立九志，三十卷，居末，仿《魏書》例也。有《山家教典志》，猶諸史之藝文，專載天台宗著述目錄；有《名文光教志》，猶地方志之藝文，專載有關天台宗之文；有《諸宗立教志》，載天台以外諸宗；有《法運通塞志》，其體爲編年；有《歷代會要志》，其體爲類事，則不獨天台一宗之事，凡考求佛、道二教交涉，及摩尼、火祆諸教歷史者，均可取資也。

台禪二宗之爭

先是《景德錄》二十七載禪門達者，雖不出世，有名於時者録十一人，智者大師預焉。台宗人見之，大不謂然。故《釋門正統》卷一《智者世家》云："彼焉知大師豈止禪門達者而已。"此諍之所由起也。《釋門正統》，本慶元、嘉定間鎧庵吳克己撰，宗鑑著書，仍襲其名，故恒引鎧庵之説。鎧庵嘗著論攻擊《寶林傳》，本書卷四《興衰志》云："唐德宗之末，金陵沙門慧炬撰《寶林傳》，誇大其宗，至與僧傳所紀如皂白冰炭之不相入。迨及我宋，吳僧道原進《傳燈録》，李遵勖集《廣燈録》，皆以《寶林》爲口實，故鎧庵論之曰：'《寶林》説詭，非特達磨、慧可事跡與僧傳不同，其最虛誕無稽，而流俗至今猶以爲然者，七佛説偈、世尊拈花是也。七佛緣起，所經劫波，前後隔遠，豈有遞相説偈付法之事，縱若有之，未審吾佛何處舉似，梵僧何年譯至此土也。'"

又曰："世尊將入涅槃，宣正法眼藏，分付摩訶迦葉，良以迦葉頭陀第一，能爲四衆作依止，可以匡持法藏故也，豈待涅槃會上，重新微笑而受法耶！然名公鉅卿，如楊内翰、黃侍讀，皆爲其所愚，一則《傳燈》作序，一則廬阜書石，乃知邪説移人，雖豪傑之士，有所不免。"廬阜書石，謂山谷數爲叢林書七佛偈刻石也。《豫章集》二十五有《七佛偈跋》言其事，僧家甚以爲重。

《興衰志》又言："仁宗嘉祐二年，錢塘長老契嵩進《定祖圖》、《正宗記》，自慧炬撰《寶林傳》，稱有二十八祖，及此土六祖，厥後《傳燈錄》復踵其譌，嵩遂取小乘禪經及《寶林傳》等定之，以謂《付法藏傳》可焚。吳門子昉法師著論辯之，去其僞謬四名，復準《付法藏傳》，止二十四代。"按嘉祐二年，當作嘉祐六年。子昉者，净覺仁岳之嗣，所謂山外派也。

《釋門正統》八述《昉師辯祖書》云："宣律師《續高僧傳》，載達摩理行二種，固其真法。其後智炬於曹溪門下，出《寶林傳》，詭說百端，以惑無識，如隻履西歸、立雪斷臂等，皆與僧傳不同。由是誇衒《寶林》之憑虛，滅没僧傳之紀實，巴人一唱，屬而和者，滔滔皆是，如何通未詳省！"

《佛祖統紀》二十二《子昉傳》，載此事尤詳，曰"法師子昉，吳興人，早依净覺。嵩明教據禪經作《定祖圖》，以《付法藏傳》爲可焚，師作《祖説》

以救之；又三年，嵩知禪經有不通，輒云傳寫有誤，師復作《止訛》以折之，曰：契嵩立二十八祖，妄據禪經，熒惑天下，斥《付法藏傳》爲謬書。此由唐智炬作《寶林傳》，因禪經有九人，第八名達摩多羅，第九名般若密多羅，智炬見'達摩'兩字，語音相近，遂改爲'達磨'，而增'菩提'二字，移居般若多羅之後，又取他處二名，婆舍斯多、不如密多，以繼二十四人，總之爲二十八。炬妄陳於前，嵩繆附於後，瀆亂正教，瑕玷禪宗，余嘗面折之，而嵩莫知愧。又據僧祐《三藏記》，傳律祖承五十三人，最後名達摩多羅，智炬取爲梁朝達磨。殊不知僧祐所記，乃小乘弘律之人，炬、嵩既尊禪爲大乘，何得反用小乘律人爲之祖耶？況禪經無二十八祖之名，炬、嵩既無教眼，纔見禪字，認爲己宗，厚誣先聖，其過非小"云。

嵩在禪宗，撰《正宗記》，負當時天下盛名，豈意台宗人斥之如此，考史者所以不能偏聽一面之詞，只讀一家之書也。同時有神智從義者，亦攻擊二十八祖之說，《釋門正統》五《從義傳辨祖承》云"今家承用二十三祖，豈有誤哉。若二十八祖，未見經論所出。近見刻石鏤板，圖狀七佛二十八祖，各以一偈傳授相付。烏乎！假託何其甚歟。識者有力，宜革斯弊，使無量人咸遵正教"云云。同是西土二十四祖，而台宗與禪宗《寶林傳》之說不同。台宗專據《付法藏傳》，以龍樹爲十三祖，師子爲二十三祖，並計末田地，則祖有二十四，而世次仍二十三也。《寶林傳》則移婆須密於前，爲第七祖，故龍樹爲十四祖，師子爲二十四祖。《傳法正宗記》攻《付法藏傳》，而台宗則擁護之，《正宗記》攻《唐僧傳》，而台宗又護之，並攻其七佛偈及拈花微笑、慧可立雪斷臂等事，務與禪宗相反。《韓非子·顯學》曰："孔子、墨子俱道堯舜，而取捨不同，自謂真堯舜，堯舜不復生，將誰使定儒、墨之誠乎！"台、禪二宗之於七佛二十八祖，亦猶儒、墨之於堯舜也。

山家山外之爭

《釋門正統》五《慶昭傳》云："智者大師撰《金光明經玄義》，有廣、略二本行世。晤恩撰《發揮記》，解釋略本，謂廣本爲後人擅增，以四失評之。弟子奉先源清、靈光洪敏，共搆難詞，輔成師説。法智乃撰《扶宗釋難》，力救廣本，而慶昭與孤山智圓，既預清門，亦撰《辨訛》，駁《釋難》之非，救《發揮》之得。如是反覆，各至於五，綿歷七年。永嘉忠纂結前後十番之文，號《四明十義書》。自兹二家觀法不同，各開戶牖，枝派永異，山家遂號清、昭之學爲山外宗。"此猶儒家今古文之争也。晤恩，《宋僧傳》七有傳。山外之名，起於法智統一以後，凡持論與法智異者，均可目之爲山外，故又有前山外、後山外之名，前山外者大抵與法智同時，後山外則法智子孫而持論與法智異者也。

《佛祖統紀》二十二《净覺仁岳傳》論曰"天台宗謂學《華嚴》、《唯識》者爲他宗。净覺初爲山家之學甚厲，一旦師資小不合，遽爲異説，至於十諫雪謗，抗辯不已。前輔之而後畔之，其爲過也與學他宗者何異。父作之，子述之，既曰背宗，何必嗣法，故置之雜傳"云。今影印續藏經有四明仁岳《異説叢書》，此猶向、歆父子之異論也，然山家必欲黜之，遂使仁岳爲孽子。

仁岳之外，前文所引之從義，亦台宗健將被斥爲山外者。《統紀》二十二《神智從義傳》論曰"神智之從扶宗，視四明爲曾祖，而於有所立義，極力詆排之，破壞祖業，不肖爲甚，非同當時孤山、净覺一抑一揚之比也。舊係扶宗，今故黜之，置之雜傳，以示家法之所在"云。

然《統紀》本書於卷十《玄覺世家》及卷三十《華嚴慈恩諸師傳》後，皆引從義之言爲重，抑又何耶，此與攻擊《寶林傳》、《正宗記》引子昉之言爲重，同一矛盾也。竊嘗譬之武夫，當國家承平時則抑之，慮其驕蹇而難制，一旦大敵當前，則不得不倚以爲干城之寄矣。

法智之中興，净覺本爲功臣，自有山外之讒，遂至不得廟食，同時諸佐命能世其家者，只南屏、廣智、神照三家耳，而神照之後亦不昌也。鳥盡弓藏之嘆，雖佛門亦有之。

《統紀》八《知禮紀》贊曰"唐之末造，天下喪亂，台宗典籍，流散海東。當是時爲其學者，至有兼講《華嚴》，以資説飾，暨我宋龍興，此道尚晦。螺溪寶雲之際，遺文復還，雖講演稍聞，而曲見之士，氣習未移，故恩、清兼業於前，昭、圓異議於後，齊、潤以他黨而外侮，净覺以吾子而内畔，皆足以溷亂法門，壅塞祖道。四明法智以上聖之才，當中興之運，東征西伐，再清教海，功業之盛，可得而思"云。

然《釋門正統》對山外態度，與《統紀》稍異，《統紀》於前山外諸師，列之高論旁出世家，於後山外諸師，則貶之爲雜傳。《正統》則特立《荷負扶持傳》以處前山外，曰："楚狄敝中國而齊桓霸，叔帶危宗周而晉文興。會昌籍没，五代分崩，不有大士起而救之，則中興正派不可待而授也。障狂瀾，弭酷焰，功豈淺哉！"

又立《扣擊宗途傳》以處後山外，曰："陶唐於變，巢、許不臣；周武會朝，夷、齊異議。反經合道，蓋有激揚，既非隘路叛出之比，必其用心有所在矣。"

故《正統》對前後山外，多有恕詞，此二書不同之點也。所謂隙路叛出者，指華嚴澄觀，澄觀曾禀受荊溪教觀，後被推爲華嚴四祖，台宗以爲叛人。《金剛錍》之作，即對澄觀而發，華嚴宗亦出《評金剛錍》以報之，猶儒家之有《箴膏》、《起廢》也。

二書之板本

《統紀》，明南藏及嘉興藏、頻伽藏皆有之，又有寧波刻本，《正統》則影印續藏經有之。續藏經《統紀》五十五卷，卷十九、二十有目無書，諸本皆然，惟續藏經本卷二十一，空一卷，其卷二十二即明藏本之卷二十一，以次下推，故明藏本五十四卷，續藏本五十五卷，其實一也。《四庫提要》《統紀》附存目，作五十四卷，蓋即嘉興藏本。今嘉興藏目錄作四十五卷者，循明藏目錄之誤，偶倒其字耳。《統紀》作於宋咸淳間，而續藏經本卷十九目錄後有元末一傳，《法運通塞志》之末，又有元代至明初記事，皆後人增益，猶《史記·司馬相如傳》末之有揚雄語也。

《法藏碎金錄》十卷　宋晁迥撰
《道院集要》三卷　宋王古編

《晁氏三書》本，《四庫》著錄釋家類。迥爲公武五世祖，所謂文元公也。明道元年，年八十二矣，自言未嘗以針艾攻肌膚，以几杖扶坐起，其學道有得可知也。

《法藏碎金》者，蓋雜錄儒、釋、道三家之言，以爲修身養性之助。其卷二有曰："今有文士目《莊子》曰碎金，多採先生之語以資應用章句耳。予亦耽味其言，求理綴文，以爲助道之品，入此《法藏碎金錄》中，名同而實異者也。"然則此書應入雜家類，《四庫》入之釋家類者，依陳振孫《書錄解題》也。

先是迥著書曰《道院別集》、曰《法藏碎金》、曰《耄智餘書》、曰《昭德新編》等，晁氏《讀書志》彙載入別集類中。《四庫提要》以爲："公武既不敢削其祖宗之書不錄，又不肯列之釋氏貽論者口實，故姑以附載迴護之。"此非知人論世之言也。晁、陳二氏，見解不同，陳氏頗不喜佛，晁氏則以佛爲其家學，其志《金剛般若經》也，曰："予弟公愬，日誦三過，予靳之曰：汝亦頗知其義乎？"其志《會解楞嚴經》也，曰："皇朝井度集古今十二家解，去取之成書，予嘗爲之序。"井度者，即以蜀中所得書五十篋與公武，公武據以著《讀書志》者也，公武何嘗以學佛爲諱。其志《華嚴經清凉疏》也，曰"文元公有言，明法身之體者，莫辯於《楞嚴》；明法身之用者，莫辯於《華嚴》，學佛者以爲不刊之論"云。則公武又何嘗有爲其祖迴護，恐貽論者口實之事。

且《提要》既知此書嘉靖間迴裔孫瑮曾改名《迦談》重刊之矣，則晁氏子孫不特不以學佛爲諱，且明著爲《迦談》，惟恐人不知其爲釋迦之説也。則所謂不肯列之釋氏者，豈非《提要》以己之心度古人之心乎，此論古者之大病也。

《提要》又言："自阮孝緒《七錄》以後，釋氏之書久已自爲一類。"其説亦非。蓋自齊王儉《七志》以來，釋氏即已自爲一類，不自孝緒始也。

《道院集要》者，蓋即《道院别集》之節本，故

《晁志》仍入別集類，陳氏改入釋氏類。《文獻通考》二二七採陳氏，既入之釋氏，二三四採晁氏，又入之別集。《提要》以《通考》列別集中爲不類，改隸釋家，不知《通考》本隸釋氏，別集蓋重出耳。

王古字敏仲，旦之曾孫，喜佛學，曾撰《法寶標目》十卷，今在藏中，陳氏著錄目錄類，《通考》著錄釋氏類。然今殿本《書錄解題》，於兩書之王古，均誤作"王右"，與《宋史·藝文志》《法寶標目》誤同，校者蓋不審"好古敏求"之義。藏本《法寶標目》，又作元王古編，則並不知其爲北宋人矣。

古入元祐黨籍，但元祐黨籍碑有兩王古，一曾任待制以上官，一爲餘官。編《道院集要》及《法寶標目》者，曾任待制以上官者也。陸心源撰《元祐黨人傳》卷三，王古敏仲有詳傳，然未及其編《法寶標目》及此書也，豈亦爲之諱哉，偶略之耳。

155

卷　　六

《禪林僧寶傳》三十卷　宋釋惠洪撰

簡稱《僧寶傳》。《晁志》衢本著録傳記類，袁本及陳氏、《通考》均著録釋氏類。清《四庫》著録惠洪書，此書及《林間録》入釋氏，《冷齋夜話》入雜家，《石門文字禪》入别集，又有《天厨禁臠》，附詩文評存目。

惠 洪 生 平

惠洪又名德洪，字覺範，自號寂音尊者，事跡見《文字禪》二十四寂音自序，及祖琇撰《僧寶正續傳》卷二。江西人，與黄山谷善，又習其鄉歐陽、王、曾諸公之緒，故雖出家，而才名籍甚。惟性粗率，往往輕於立論，故生平毁譽參半。王明清《玉照新志》卷三云："洪本筠州高安人，嘗爲縣小吏，黄山谷喜其聰慧，教令讀書爲浮屠，其後海內推爲名僧。韓駒作《寂音尊者塔銘》，即其人也。"

此外如葉夢得《避暑錄話》、胡仔《漁隱叢話》、吳曾《能改齋漫錄》、陳善《捫蝨新話》、俞文豹《吹劍外錄》等，對之均有微詞，胡、吳二家斥其繆妄，尤不止一次。然惠洪要爲伉爽有才氣，聰明絶世，同時僧中無兩也。其居平評詩之語最多，以非本題，不具論，論其評史，爲舉一例，亦足見其立論之大略。

《宋僧傳》十八《唐泗州僧伽傳》云："葱嶺北何國人也，自言俗姓何氏，亦猶僧會本康居國人，便命爲康僧會也。詳何國在碎葉東北，是碎葉附庸耳。"洪撰《冷齋夜話》九，乃力斥其說，謂："僧伽龍朔中游江淮間，其跡甚異，有問之曰：'汝何姓？'答曰：'姓何。'又問：'何國人？'答曰：'何國人。'李邕作碑，不曉其言，乃書傳曰：'大師姓何，何國人。'此正所謂對癡人説夢，李邕遂以夢爲真，真癡絶也。贊寧以其傳編入僧史，又從而解之，此又夢中説夢，可掩卷一笑。"

夫洪去僧伽五百年，何由知僧伽之"何國"非國名，不過偶爾觸機，覺何爲代名耳。羌無故實，以理想爲故實，作一假設，未爲不可，乃過甚其詞，至詆前賢爲夢中説夢，既自暴其不學，復自暴其寡養，其憎茲多口固宜。《東坡志林》二嘗注意及此，曰"泗州大聖《僧伽傳》云：'和尚何國人也。'又世云莫知其所從來，故云不知何國人。近讀隋史《西域傳》，乃有何國"云云。豈特隋史，《通典》並載其武德、貞觀中皆曾遣使來貢也。則僧伽之爲何國人，有何可笑乎？惜東坡知之，而洪未之知也。

《晁志》別集類著録洪《筠溪集》，云："洪著書數萬言，如《林間録》、《僧寶傳》、《冷齋夜話》之類，皆行於世，然多夸誕，人莫之信。"夫評詩，人不之信，其害小，作史人不之信，則可信者亦將爲不可信者所累，豈不與作史初心相背哉！

祖琇爲洪鄉人，對洪時致不滿，然其爲洪傳贊，獨深恕之，曰："覺範少歸釋氏，長而博極羣書。觀其發揮經論，光輔叢林，孜孜焉手不停綴，而言滿天下。及陷於難，著縫掖，出九死而僅生，垂二十年，重削髮，無一辭叛佛而改圖，此其爲賢者也。"是真平情之論矣。

洪卒於建炎二年，年五十八。《冷齋夜話》九有紹興初曾子宣在西府紀事，曾布卒於大觀元年，此紹興當是紹聖，《四庫》本《夜話》未加訂正也。

《僧寶傳》之體制及得失

《僧寶傳》爲傳記體，然與以前僧傳不同，以前僧傳，統括十科，此則專詳禪者。又與《燈錄》不同，《燈錄》詳載語言，此則兼載行事。然同載行事，其文體又有不同，一則類聚衆文，裁剪而成傳，其作用爲物理的；一則鎔化衆說，陶鑄以成文，其作用爲化學的。二者優劣，誠未易言，然洪則主張後說者也。

《文字禪》二十五有《題修僧史》一首云："僧史自惠皎、道宣、贊寧而下，皆與《史記》、兩《漢》、《南北史》、《唐傳》大異，其文雜煩重，如戶婚鬥訟按檢，昔嘗憎之，欲整齊使成一體之文，依倣史傳，立以贊詞，使學者臨傳致贊詞，見古人妙處，不亦佳乎！於是仍其所科，促十四卷爲十二卷。"

所謂僧史，未指何書，以卷數推之，當爲皎傳。十四卷促爲十二卷，所促幾何，何必多此一舉。且一代有一代之文體，若以宋人之文，施之六朝，是猶飾古人以今服，豈非滑稽之甚。幸而其書不傳，即傳亦未必足觀也。惟撰近代僧傳則不然，儘可以近代文體行之，《僧寶傳》其嘗試成功者也。

《文字禪》二十六有《僧寶傳》題詞十二首，皆洪書成時，諸禪人鈔寫誦讀，請洪題記者也。其第一首有曰："禪者精於道，身世兩忘，未嘗從事翰墨，故唐、宋僧史，皆出於講師之手。道宣精於律，而文詞非其所長，作禪者傳，如戶婚按檢；贊寧博於學，然其識暗，又聚衆碣之文爲傳，故其書非一體，予甚悼惜之。"

所謂一體者，即鎔衆說以成文，此文家之法也；所謂聚衆碣之文爲傳者，此史家之法也。二者不同道，洪既以文家之法成書，故其書琅琅可誦。

其第三首有曰："予初游吳，讀贊寧僧史，怪不作雲門傳，有耆年曰：嘗聞吳中老師言，尚及見寧，以雲門非講學，故刪之。又游曹山拜澄源塔，得斷碣，曰'耽章號本寂禪師'。於是喟然念雲門不得作傳，曹山名亦失真，始有撰叙之意。"

今《僧寶傳》既託始於曹山、雲門，運用其嶄新史料，凡得八十一人。然曹山名耽章，前此未聞，後亦無人信用，此與皇甫謐謂漢高父名執嘉、王符謂漢高父名煓，同其不易取信也。至《宋僧傳》之不立雲門傳，自是採訪未周，與講學不講學何涉。且《宋僧傳》六百餘人，講學者有幾，此真不值一駁者，而洪公然著之書，無怪識者之譏評矣。

祖琇《僧寶正續傳》末，附代古塔主《與洪覺範書》，有曰："嘗聞足下有撰次僧史之志，某喜爲之折屐。及足下成書，獲閱之，方一過目，爛然華麗，及再三伸卷，考覈事實，則知足下樹志淺矣。夫文所以紀實也，苟忽事實，而高下其心，唯騁歆艷之文，此揚子所謂從而綉其鞶帨，君子所不取也。"

淳熙末，者庵惠彬撰《叢林公論》，亦數攻擊此書，以爲"傳多浮誇，贊多臆說"。《漁隱叢話》後集三七亦云："《僧寶傳》，洪覺範所撰，但欲馳騁其文，往往多失事實。至於作贊，又雜以詩句，此豈史法示褒貶之意乎。"當時緇素對《僧寶傳》之批評如此，其書之內容可知。

明初恕中無慍撰《山庵雜錄》上云"覺範《僧寶傳》，始名《百禪師傳》，大慧初見讀之，為剔出一十九人焚之。厥後覺範致書黃檗知和尚云：'宗杲竊見吾《百禪師傳》，輒焚去一十九人，不知何意。'覺範雖一時不悅，彼十九人者，終不以預卷"云。

杲少洪十八歲，於法系視洪為從祖，竟貿然焚其初成之史稿，不知師子兒果有是事否，又不知其何所見而為此也。今此八十一人中，除未詳所屬者數人外，屬青原者十一人，曹洞十人，臨濟十七人，雲門、黃龍各十五人，法眼五人，潙仰一人，楊岐四人，足見當日雲門、臨濟之盛。洪黃龍下二世，杲楊岐下四世也。惟《晁志》衢本、袁本均作八十七人，《通考》引《晁志》亦然，知是晁氏原稿錯誤，非後人傳寫之譌矣。

《僧寶傳》板本

《僧寶傳》最初刊本有宣和六年侯延慶序，今存。《文字禪》卷二十三有《僧寶傳》序，今刊本俱無之。寶慶三年，杭州刻本有張宏敬序，洪武六年，明州刻本有戴良序。

今通行者有嘉興續藏本、影印續藏經本、南京刻本，皆三十卷。《四庫》著錄者三十二卷，蓋末有舟峰庵僧慶老補傳三人，作一卷，又附《臨濟宗旨》，亦作一卷也。《晁志》衢本及《通考》作三十二卷，袁本及陳氏作三十卷。

《四庫》所據者，即明州刻本，卷首應有戴良序。《提要》只見寶慶三年張宏敬序，稱錢塘風篁山僧廣遇鋟梓，而卷末題明州大慈山比丘寶定刊，疑爲四明重鋟本，是也；特因未見戴序，故不能定爲何時重刻，不知戴序見《九靈山房集》二十一。洪武初，戴良游鄞，故爲寶定作序，或書估去之，欲以洪武本充宋本耳。

舟峰庵在泉州，曉瑩撰《雲臥紀談》上云"泉州北山之頂，有橫石如舟，世以舟峰名之。大比丘諱慶老，字龜年，結茅山麓，號舟峰庵主。大慧遷徑山，舟峰爲掌記室，詞章華贍，殊增叢林光潤，紹興十三年癸亥委順"云云，即此書卷末撰補傳之人也。《提要》以爲北宋人，尚未大誤。《宋詩紀事》慶老傳乃不著一字，可以此補之。

《林間錄》二卷、《後錄》一卷　宋釋惠洪撰

大觀元年謝逸爲之序。《晁志》著錄，衢本四卷，袁本二卷，分卷不同，其實一也。《通考》採衢本，《四庫提要》疑爲誤字，非也。嘉興續藏本有萬曆十二年甲申馮夢禎跋。今通行者有影印續藏經本。此書爲筆記體，所記皆僧家故事，文筆流暢，故人喜讀之。《後錄》一卷，所載皆《石門文字禪》卷十七至二十之文，蓋後人附入，非《晁志》本所有也。

《提要》謂其書多訂贊寧《高僧傳》諸書之譌，是也。然所訂多不中，或爲禪者一家之説，他宗不謂然也。且其語氣之間，抑揚太過，如謂"贊寧作《大宋高僧傳》，用十科爲品流，以義學冠之，已可笑"云云，夫贊寧特循慧皎、道宣之舊耳，有何可笑！又謂："歐陽文忠游嵩山，聞老僧説定慧力，大驚，不自

知其膝之屈也。"此皆夸誕之詞，不能令人起信。

"十分春瘦緣何事，一掬歸心未到家"，爲惠洪得意之句，既載之《文字禪》十，又載之《冷齋夜話》五。《提要》引《能改齋漫錄》十一，謂王荆公女讀至此曰："浪子和尚耳。"此語傳播，頗足損尊者威嚴，然亦洪有以取之也。

《漁隱叢話》前集五十六云："忘情絕愛，瞿曇氏之所訓。惠洪身爲衲子，詞句有'一枕思歸淚'及'十分春瘦'之語，豈所當然。又自載之詩話，矜衒其言，何無識之甚耶。"此洪自取之證也。

《文字禪》九又有贈尼眛上人詩云："未肯題紅葉，終期老翠微，余今倦行役，投杖夢煙扉。"《瀛奎律髓》四七評之曰："紅葉句似侮之，末句有欲炙之色，女人出家何益哉。"此洪所以不理於衆口也。既犯綺語之戒，又好爲妄語，《晁志》謂："《林間錄》多寓言，如謂杜祁公、張安道皆致仕居睢陽之類，疏闊殊可笑。"袁本述之尤詳，曰："祁公慶曆六年致仕，治平中薨，安道元豐末始請老，蓋相去二十年矣。"

試嘗考之，杜祁公衍以慶曆六年告老，七年致仕，嘉祐二年卒，年八十。《宋史》三一〇及《五朝名臣言行錄》七、《歐陽文忠集》三十一墓誌皆同。張安道方平，元豐末請老，元祐初致仕，元祐六年卒，年八十五。二人致政，相去凡四十年，不止如《晁志》袁本所云也。

胡應麟《少室山房筆叢》四八言"《林間錄》，《五燈會元》多採之，然其中率不可信，如謂杜祁公、張文定同居睢陽之類，前人辨駁已明。又載杜公呼文定字爲安道，安道乃方平字，非文定也，則此事之誣灼然，然亦非無因，蓋本《捫蝨新話》而潤飾之"云云。

又嘗考之，張方平字安道，諡文定，《宋史》三一八、《東坡後集》十七墓誌銘、《三朝名臣言行錄》三，所載無異詞。胡氏謂安道非文定，不知胡氏心目中之文定果何人也。

宋張文定本有兩人，安道之前，張齊賢字師亮，亦諡文定，大中祥符七年卒，年七十二，見《宋史》二六五及《琬琰集刪存》三，又《五朝名臣言行錄》

一。兩文定相距凡七十餘年，師亮下距杜祁公，亦三十餘年，且好佛，淳化中曾刻僧肇等注《維摩詰經》，見袁本《晁志》。

胡氏心目中之文定，指師亮耶？然《林間錄》以安道爲文定，本不誤，其誤在謂安道與杜祁公致政同居睢陽耳。胡氏以不誤爲誤，又謂其説本之《捫蝨新話》，不知《林間錄》撰自大觀元年丁亥，《新話》撰自紹興十九年己巳，後出四十餘年，《林間錄》何由本之，其疏闊又可笑也。

《提要》引晁氏説批評《林間錄》，又引胡氏説，以不誤爲誤，又自添一誤，以文定爲張詠，其疏闊尤可笑。詠字復之，號乖崖，諡忠定，大中祥符八年卒，年七十，見《宋史》二九三及《五朝名臣言行錄》三，《宋景文集》六二有張尚書行狀，韓琦《安陽集》五十有神道碑。其與杜祁公相去亦三十餘年。然張詠自是忠定，今乃謂文定爲張詠，蓋據《宋文鑑》一三五張詠行狀標題之偶誤，以此攻《林間錄》，幾何不爲浪子和尚所竊笑耶！

《提要》此段，文僅三行，乃有四誤：

一、《林間錄》之誤，謂杜祁公衍、張文定方平，致仕同居睢陽。

二、《晁志》之誤，謂杜祁公、張安道致仕，相去二十年。

三、胡氏《筆叢》之誤，謂杜公呼文定字爲安道，安道乃方平，非文定。又謂其説本之《捫蝨新話》。

四、《提要》之誤，又以文定爲張詠。

四者之中以《晁志》之誤爲最輕，餘皆不易爲之解釋也。《提要》又謂《五燈會元》多採此書，其説亦本之胡氏。然《會元》全部，採此書者，僅卷四涅槃和尚一條，曹山名耽章，惠洪以爲得之斷碣，特以冠《僧寶傳》之首，此書耽章之名亦屢見，然《會元》並未採之也。《僧寶傳》三十一《石霜圓傳》，有康定戊寅紀事，戊寅非康定，當作寶元。以本朝人記本朝年號，石霜又爲洪之曾祖，竟至誤其卒年，《會元》十二且譏其失於考證，曷嘗多採其書哉。《詩》曰："無信人之言，人實迋汝。"可爲《提要》詠矣。

168

《羅湖野錄》二卷　宋釋曉瑩撰

嘉興藏本及影印續藏經本，均二卷，《寶顏堂秘笈續集》本，分爲四卷，《四庫》著錄者四卷，蓋即寶顏堂本。嘉興藏目錄續藏第六十四函有《羅湖禪師語錄》，即此書，書作"野錄"，目作"語錄"，誤也。

曉瑩，江西人，字仲溫，大慧宗杲弟子。晚居豐城感山雲臥庵，著《雲臥紀談》，亦號雲臥庵主。是書與《紀談》，皆筆記體，雖綺麗不及《林間錄》，而徵實過之，南宋以來，修僧史者鮮不利用其書也。

紹興十一年，秦檜將議和，罷韓世忠等軍，下岳飛於獄。時宗杲正主徑山，建千僧閣成，徒衆二千，侍郎張九成恒與往來。檜恐其議己，謫九成南安軍，宗杲編置衡州，二十年移梅州，二十五年十月檜卒，十二月復九成等官，宗杲亦聽令自便，二十六年正月離梅州，二十八年復住徑山，隆興元年卒。計在衡十年，在梅六年，患難相隨者甚衆，瑩即其中之一人。今《紀談》末附有與遜庵宗演書，力正祖詠撰《大慧年譜》之失，故宗演重訂《大慧年譜》多據之，亦以其從大慧久，見聞較切也。

是書前有紹興二十五年自叙，云："歸憩羅湖時作，故名曰《羅湖野録》。"末有紹興三十年，無著道人妙總跋，妙總，尼也，與瑩同學，至契。跋云："妙總窮居村落，不聞叢林勝事久矣。比者江西瑩仲温遠自雙徑來訪山舍，娓娓談前言往行，殊慰此懷。徐探囊得《羅湖野録》一編，所載皆命世宗師與賢士大夫言行之粹美，詳覽熟思，不忍釋手，亦足見仲温爲道爲學之要，其操心賢於人遠矣，當與天下好事者共之。"

《四庫》著録本，此跋適闕題名，故《提要》云："末有紹興庚辰跋，不署姓名，而跋中自稱曰妙總，則亦僧作也。"按藏本跋尾年月下原有"毗陵無著道人妙總謹書"十字，而《寶顏堂秘笈》本無之，知《四庫》所據者與《秘笈》本同；又藏本均作二卷，《四庫》著録者四卷，知所據即《秘笈》本也。

妙總爲丞相蘇頌孫女，與瑩均見《大慧年譜》紹興八年條，《嘉泰普燈録》十八及《五燈會元》二十有傳。晚主平江資壽，開堂説法，道譽甚著。其語録有"茫茫宇宙人無數，幾個男兒是丈夫"之句，慨當時國勢之不振也。

瑩撰《大慧正續傳》，特附《無着傳》，曰："正續所收嗣法，止於洋嶼小谿及前住徑山受記剙者，其衡梅與再住徑山，並無與焉。至於收無着者，蓋倣《達磨傳》載尼總持，在無着則不忝耳。"其推重之如此。

瑩在梅州，得大慧所用竹篦，妙總嘗爲之銘，親寫贈瑩。引曰"大慧老師以竹篦揭示佛祖不傳之妙，幾四十年，遂使臨濟正派勃興焉。至於居患難中，亦不倦提挈，所以梅州報恩有竹篦在堂司也。江西瑩仲温嘗掌其職，得之而歸，豈特爲叢林千載之榮觀耶，無着妙總謹稽首爲之銘"云。語見瑩與遜庵宗演書。

《佛祖通載》卅一言妙總乾道六年卒，年七十六。果爾，則紹興三十年爲瑩跋《羅湖野録》時，年六十六矣，二人蓋老同學也。《提要》以爲僧，故特詳之。

《佛祖通載》二十二卷　元釋念常撰

此書全名《佛祖歷代通載》。清《四庫》著錄。明北藏分爲三十六卷，以目錄爲卷一，以卷一爲卷二，卷十一以下，每卷分爲二卷，卷二十二分爲三卷。嘉興藏、清藏、頻伽藏及續藏經、磚橋各本皆因之，以是三十六卷遂通行於二十二卷。

念常略歷

念常號梅屋，華亭人，事跡見本書覺岸序。至元十九年壬午生，至治三年癸亥赴京，繕寫金字佛經，曾禮帝師，聞密乘之要。所謂帝師，當爲公哥羅或旺出兒，《元史·釋老傳》謂公哥羅至治三年卒，旺出兒嗣。《通載》謂公哥羅泰定四年卒，則其所值者必公哥羅也。

八思巴，《釋老傳》謂其至元十六年卒，《通載》謂其十七年卒，皆在念常未生之前。《四庫提要》謂其受法於八思巴，殊誤。撰《提要》者僅知有帝師八思巴，而不知八思巴卒後，終元之世，嗣爲帝師，名見《釋老傳》者，尚十餘代。至治三年，念常至京時，八思巴卒後四十餘年矣，何由向之受法，此不得不謂爲疏陋者也。

本書之體制及內容

本書爲編年體。先是有隆興府石室沙門祖琇撰《僧寶正續傳》，又撰《隆興佛教編年通論》廿八卷，附一卷。始自漢明帝，終於五代。曰隆興者，作書之時地；曰佛教者，書之內容；曰編年者，書之體制；曰通論者，每條之後，多附以論斷也。其書採摭佛教碑碣及諸大家之文頗備。編纂有法，敘論嫻雅，不類俗僧所爲，然不甚見稱於世，遂爲《佛祖通載》所掩襲。

今《通載》前數卷，二十八祖悉鈔《景德傳燈錄》，自漢明帝至五代十餘卷，悉鈔《隆興通論》，其所自纂者，僅宋、元二代耳。其鈔《通論》，不獨史料鈔之，即敘論亦鈔之。計所鈔敘論三十八段，明著爲石室論者，僅藏本卷五及卷十一等三段，其中有立論主體者,如《五代叙》云:"予嘗以唐新舊本紀參校,粗見文忠師仰《春秋》紀事褒貶之妙,因採數十端著《新唐史本紀略例》一篇。及得《五代史》,閱其自發述作之意,與予亦頗合。"

此所謂予,祖琇自謂也,今鈔之於《通載》,而不明著爲琇叙,則所謂予者,念常自謂乎?念常亦嘗著《新唐史本紀略例》乎?"作奏雖工,宜去葛龔",此《笑林》之所以爲笑也。而卷首凡例,並未明言本書叙論悉採《通論》。又五代以後,漢明帝以前,不復見一叙論,不啻表暴其除鈔襲外,不能自撰一論也。

至其自纂一部分,體例亦多可議。《通論》編年,悉依"正史"本紀之法,《通載》則改之,只以甲子二字標題,而不儘著年號及年數,每條起始,多以"某月"或"是歲"等字冠之。欲知其事在何年,輒翻數葉或十數葉而未得其確數,此本書之大病也。

又《通論》所採諸家之文,如《牟子理惑》三十七篇,採二十篇,已覺繁冗。《通載》於卷首載八思巴《彰所知論》,於金代載李屏山《鳴道集》,於元代載

《至元辨僞錄》，連篇累牘，不知所裁。凡此諸書，在當時皆有單行本也。

又如《元遺山集·紫微觀記》，撰於金亡以後，時遺山年四十七八，今乃係於泰和四年，時遺山年才十五。又瀛國公學佛法於土番，在至元廿五年，見《元史》十四《世祖紀》，時瀛國年十八，今乃係於至元十四年，時瀛國才七歲，此失之移前者也。

又天竺三藏吽哈囉悉利，卒於金大定五年，無着妙總卒於宋乾道六年，今亦統係於嘉泰四年之末，此則失之移後者也。又元至大三年庚戌條，有元太祖、木華黎及耶律楚材紀事，移後且八九十年，瞀亂至此。卷首虞集序乃謂其"參考訛正，二十餘年，始克成編"，不知二十餘年中，其所考正者何事也。

虞集序爲《道園學古錄》所未載，抑《佛祖統紀》而揚《通載》。吾嘗見崇禎七年董其昌撰《佛祖綱目序》則反之，曰"宋僧志磐撰《佛祖統紀》，以天台爲統。元僧念常復作《通載》，名依《統紀》，而立例則殊。始用史家編年之法，以宗爲主，以教爲輔，凡净行神足，性相義觀，無所不備，而識者摘其漏誤，至不可實辨，蓋史之難如此"云云。則《通載》之繆誤，明人已先有言之者。

清初費隱容撰《五燈嚴統辨惑編》，乃極力推崇之，謂"《通載》梵本，計卷三十有六，久入北京皇藏我字函中，元朝華亭念常禪師所集，歷今幾四百年"云。則以其載丘玄素僞碑，信有兩天王道悟，謂雲門、法眼二宗，皆出馬祖，與費隱臭味相同，意有所偏，則好而知其惡者鮮矣。

惟此書撰自元代，時有佚聞，如瀛國公之死，《宋》、《元史》皆闕載，此書於卷末至治三年條，載是年四月賜瀛國公合尊死於河西，與洪武初無慍撰《山庵雜錄》同，此釋典之有補世典者。

《雜錄》言"瀛國公爲僧後，至英宗朝，適興吟詩云：'寄語林和靖，梅開幾度花，黃金臺上客，無復得還家。'諜者以其意在諷動江南人心，聞之於上，收斬之。既而上悔，出內帑黃金，詔江南善書僧儒，集燕京書大藏經"云。

《宋稗類鈔》二亦載此詩，然未載其死。《元史》廿八《英宗紀》雖未載其死，然載："至治三年四月朔，敕天下諸司，命僧誦經十萬部，同月又敕京師萬安、慶壽、聖安、普慶四寺，揚子江金山寺，五臺萬聖祐國寺，作水陸佛事七晝夜。"皆似與此事有關。特恐瀛國公之死，在四月以前，念常以是年五月入燕，其入燕即爲繕寫金字大藏，故載瀛國公之死爲四月，然則瀛國公之不得其死，殆可信也。

《四庫提要》正誤

《提要》謂念常所見之帝師爲八思巴，誤已見前。又誇其能自彌罅漏，如論唐憲宗、懿宗之迎佛，爲崇奉太過，不知此祖琇《通論》廿七之言也。又謂其論王縉、杜鴻漸，但言福業報應，故人事置而不修，不知此《通論》十八引《新唐史》之言，非念常之論也。又謂韓愈爲一代偉人，乃引西蜀龍氏之言，詆其言行悖戾，不知此《通論》廿一所引，非念常自引也。

江南釋教總統楊璉真加，發掘有宋諸陵，事載《元史·釋老傳》及《世祖紀》至元二十一年九月條，而《通載》不載。惟至元廿五年楊璉真加集江南禪教朝覲登對事，《通載》載之，凡二千餘言。此徑山長老雲峰妙高與教家在元世祖面前辯論禪宗之旨，與楊璉真加無涉。楊固不知禪，亦未隨同至京。蓋其時釋道之争甫完，又有教家讒毁禪宗之事，故令楊傳集禪教諸僧，到京庭辯。妙高年已七十，不惜跋涉一行，禪宗賴以安堵，此禪宗史一重要公案也。

《提要》徒見卷端有"楊輦真加"四字，遂謂"楊璉真加窮兇極惡，《通載》乃没其事跡，但詳述其談禪之語，儼然古德宗風"云云。此誤認雲峰妙高之言爲楊璉真加之言，自是撰《提要》者閱書疏忽之咎，以此譏《通載》，《通載》惟有敬謝而已。

《釋氏稽古略》四卷　元釋覺岸撰

書極通行，《四庫》著録。有磚橋本、杭州本、影印續藏經本。

覺岸字寶洲，烏程人，即爲《佛祖通載》作序者。《五十萬卷樓書目》謂念常亦爲《稽古略》作序，疑誤記也。

書亦編年體，後出於《通載》十餘年，其中且有引《通載》者，如卷三貞元九年條是。《四庫》以此書列《通載》前，因此書止於南宋，而《通載》則止於元元統元年也。

先是宋咸淳間有括山僧一庵本覺撰《釋氏通鑑》，止於五代，此書多本之。於歷代有名諸僧，及僧家通常掌故，搜採略備，頗便觀覽。惟不免有兔園習氣，一知半解之說亦多，如卷二謂陳年禎明，宋《資治通鑑》避仁宗廟諱作祥明，又卷四云宋太祖諱玄朗等，皆似是而非，未經深考。

書中所注出典，亦粗率可笑，如《高僧傳》、《弘明集》撰於蕭梁，今卷三記唐初事，乃數云出於《高僧傳》、《弘明集》。又《續高僧傳》、《佛道論衡》、《法苑珠林》，均撰於唐初，今記開元中不空三藏事，乃云出於《續高僧傳》；記大曆九年及太和七年事，乃云出於《佛道論衡》；記南唐事，乃云出於《法苑珠林》，皆可以常識判斷而知爲謬者也。又撰《歐陽文忠外傳》及《華陽宮記》者，北宋末蜀僧祖秀，字紫芝；撰《隆興佛運統紀》及《隆興佛教編年通論》

者,南宋初江西僧祖琇,號石室,今卷四元豐八年及重和元年條,均誤《佛運統紀》爲紫芝撰,可見其多不足據。

惟此書本爲釋子之欲稍通世史者而作,故於列朝興廢盛衰,無關釋氏者,亦復條分摘列,參雜成文,《提要》譏其傷於枝贅,未中此書之失。此書前有中山李桓序,桓見《元詩選》癸之丙,《提要》誤作李恒;此書於唐代前後均載有濮王紃天壽年號,《提要》誤作天燾,均應改正。

《神僧傳》九卷　明成祖撰

明北藏、嘉興藏、清藏、《明史·藝文志》,皆著錄。今有頻伽藏本、常州本。《四庫》附存目,以爲元人撰,誤。

卷首有永樂十五年御製序,《四庫》所據本蓋闕之。是書專採僧傳中之有神跡者,輯以爲傳,不注出典,所採皆習見之書。自漢摩騰,至元膽巴,凡二百八人。膽巴見《元史·釋老傳》,大德七年卒,《提要》誤爲八思巴，八思巴乾隆時改譯爲帕克巴，卒於至元十六年，《佛祖通載》作十七年，《提要》混爲一人。

《潛研堂金石文跋尾》十九，有延祐三年《敕賜龍興寺大覺普慈廣照無上帝師碑》，趙孟頫書，此膽巴碑也。《元史·藝文志》三著錄《神僧傳》，注云："起摩騰、法蘭，終八思巴，不著撰人。"頗疑竹汀先生未見原書，僅據《提要》錄之，故既誤爲元人撰，又誤膽巴爲八思巴也。

《大藏一覽》十卷　明陳實撰

此書爲類書體，分八門，六十品，凡千一百八十一則，每則以七言二句標題，有如歌訣，而雜引經典以釋之。

《明史·藝文志》著錄。嘉興續藏本題"寧德陳實原編，秀水姚舜溫重輯"，原編者，對重輯而言，《提要》誤以"實原"二字爲名。而天一閣、八千卷樓等目錄，均循其誤矣，故特正之。

《法喜志》四卷　明夏樹芳撰

《四庫提要》作三卷，今有影印續藏經本。樹芳字茂卿，江陰人，萬曆十三年乙酉舉人。

此書爲傳記體，自漢東方朔至元楊維禎，凡二百有八人，取其言行有合於禪者錄之，不注出典。前有顧憲成序，云："茂卿以儒用禪者也，非以儒爲禪用者也。以儒爲禪用，即儒亦化而禪，以儒用禪，即禪亦化而儒矣。"

序缺年月，《提要》以爲萬曆六年序，不知何據。其首句稱樹芳爲夏孝廉，萬曆六年，何能有夏孝廉之稱。據《顧端文年譜》此序作於萬曆三十四年三月，《提要》誤也。

《提要》又謂："憲成所見，必不如是，序殆樹芳嫁名。"今此序明見《涇皋藏稿》十五，名《法喜志題詞》，稿爲憲成手自編次，以萬曆三十九年十二月刻之，四十年五月憲成始卒。《提要》謂爲樹芳嫁名，殊屬武斷。

《長松茹退》二卷　明釋真可撰

有《寶顏堂秘笈續集》本。真可字達觀，號紫柏，行跡具《紫柏全集》卷首憨山德清撰《達觀大師塔銘》。《四庫提要》誤作可真，《八千卷樓書目》等因之。明《藝文志》則作德清撰，蓋循《千頃堂書目》之誤。緣此書卷首題"紫柏憨頭陀真可著"，而書中自稱憨憨子，德清號憨山，與真可同時，二人並有大名，而憨山較後，誤認憨憨子爲憨山，故題德清撰也。

書爲筆記體。長松者館名，在潯陽城中高處，去廬嶽不遠，《紫柏全集》十四有《長松館記》。萬曆二十一、二年間，江州孝廉邢懋顒、懋學兄弟，館紫柏於此，而問道焉，紫柏遂爲草此篇。凡百十有九章，出入釋、老、莊、列之間，自以爲無當，目曰《茹退》。茹退出《楞嚴經》注，牛糞也。王志堅《表異錄》九，謂"《楞嚴經》注以牛糞爲茹退，二字新"，其義蓋取於此，《提要》以爲出李日華《六研齋筆記》，不檢原書，不知其誤也。

《吳都法乘》三十卷　明周永年撰

一九三六年上海石印鈔本。書爲志乘體，輯錄法門文獻之有涉於吳者。分三十篇，篇冠以韻語小序，所引多注出典，間附己作，卷帙厚者復分子卷，故名爲三十卷，實有四十二卷，誠吳門法典之大觀也。《四庫》釋家類附存目作十二卷，分十二篇，蓋僅得前半部耳。

永年吳江人，字安期，與四庫館纂修歷城周永年字書昌者同姓名，同好佛。錢謙益《有學集》三十一有周安期墓誌銘，曰"故太宰吳江周恭肅公用有曾孫二人，曰永年字安期，宗建字季侯，與余俱壬午生。余與季侯相繼中甲科，季侯入西臺，忤奄拷死，賜諡忠毅。而安期爲老生自如，家世奉佛，安期禀承父叔，刻藏飯僧，誓終紫柏付囑，窮老盡氣，若營其私。晚年撰《吳都法乘》餘百卷。弘光南渡，詒余書數萬言，條列東南戰守中興建置事宜，余將疏薦而未遑也。亂後移家西山，與余執手噓欷，酒半脫帽，垂頂童然，顧影長歎，以謂老可賤而死可貰也，丁亥八月卒"云云。則永年固明末義士也。

是書傳本甚少，吾友李印泉採虎阜金石，得鈔本於怡親王祠，乃假鈔一部，葉遐庵爲影印叙而行之，始知《四庫》附存目者爲不全本。書中頗有後人附益，如《弘通篇》有毛奇齡語，《普慈篇》有康熙十二年癸丑事，皆在永年卒後。又知歸子彭際清撰《居士傳》，成於乾隆四十年，《善女人傳》尤在其後，是書《弘通》、《禮誦》、《憩寂》、《普慈》、《清信》、《提策》等篇，皆引及之，《清信篇》所引尤衆。幸悉低一格繕寫，尚易識別。

又書中頗有錯簡，如《襲燈篇》三之前三葉，應在《襲燈篇》一之前；又《壇宇篇》有卷下之上，無卷下之下；永年所自撰之《吳江接待寺殿堂修造記》，亦有目無書，似有脫漏；又《清信篇》後半，曾引《法苑珠林·敬佛篇》一則，書口遂以《敬佛篇》標題，故總目多出一篇，皆繕校時偶有疏忽，不足爲本書病也。

《南宋元明僧寶傳》十五卷

清釋自融、釋性磊同撰

《四庫》釋家類附存目，有影印續藏經本。自融字巨靈，一字幻隺，木陳忞弟子，康熙三十年卒，年七十七，潘耒爲撰塔銘，見《遂初堂别集》二。

此書志在續惠洪《僧寶傳》。融自序稱九十七人，今本實得九十四人，然性磊後序言融所集者五十三人，磊所補者四十一人，則融序字之誤也。九十四人中，目録明標爲補輯者僅二十七人，又與磊序不合，則目有漏標，不復知誰爲融集，誰爲磊補矣。

惠洪書之後，本有石室祖琇撰《僧寶正續傳》，止於南宋初，凡二十八人，曹洞、臨濟各一人，黄龍、楊岐各十三人，爲六卷，另寓言二人，爲第七卷。顧祖琇之名不甚顯，其所著《佛運統紀》，爲瑩仲温所譏，今不傳；其所著《佛教編年通論》，爲《佛祖通載》所盜襲，《釋氏稽古略》又誤認爲紫芝祖秀之書；其所著《僧寶正續傳》，今雖傳，然自來罕見，故融書卷一之竹庵珪，卷二之此庵元、文殊道，卷三之大慧杲，卷五之白楊順，皆與《正續傳》重出，知融師弟撰此傳時，尚未見祖琇之書也。

此傳九十四人外，卷末有拾遺一人，曰吹萬廣真。真，蜀人，即著《釋教三字經》者，亦大慧之裔，與破山明同時，而早卒，兩雄不並立，破山曾著《佛道聲價》以非之，破山弟子丈雪醉輯《錦江禪燈》，擯吹萬派於錦江之外。此書《吹萬傳》贊曰："真師既出世於萬曆之間，我禪門正當肇興之時，至天、崇間，諸方有大名稱者，俱有書問往來，未見一言表出大慧宗系之名，何也？無乃各闡己宗爲急務，未暇輕重之耶！康熙丙寅冬，余爲天童封龕事經四明，過壽昌禪林訪舊，遇師之玄孫統公別庵禪師，始悉真師三代全錄，不得不爲之補傳，否則闕典之責，其在余乎！"

所謂余者，應爲性磊，然康熙二十五年丙寅，自融尚未卒也。統公者普陀性統，吹萬三傳，康熙三十年撰《續燈正統》四十卷，附嘉興藏以行，吹萬之名始著。當天童派披靡一時之際，吹萬派乃異軍蒼頭特起，與之並驅中原，平揖不讓，亦宗門豪傑之士矣。自融師弟爲補傳，有以哉！

《現果隨録》四卷　清釋戒顯撰

《四庫》附存目，一卷，云九十一則，今續藏經本四卷，百三則。所録皆明末清初因果報應之事，親自聞見，故曰《現果隨録》。

戒顯俗名王瀚，字原達，太倉人。崇禎甲申國變後，慟哭別文廟，棄諸生爲僧，改今名。字願雲，號晦山，得法於漢月藏弟子具德禮，爲密雲悟三傳。少與陸桴亭、陳確庵、吳梅村爲友，故各家詩集，皆有與願雲和尚詩。閻爾梅《白耷山人集》，錢澄之《田間集》，有與晦山大師詩，亦此人。《提要》作字晦堂，蓋循《清詩別裁集》小傳之誤。

康熙六年具德卒，戒顯繼住靈隱，此書題靈隱罷翁晦山樵筆記，記事至康熙十年止，當是住靈隱時撰。《提要》謂其順治間居靈隱，亦不確也。

後　　記

　　此稿爲余十數年前講課舊稿，繼"史學要籍解題"之後輒講授此課，以介紹同學研究歷史時如何掌握及運用有關材料。稿成於抗日戰爭時期，時北京淪陷，故其中論斷，多有爲而發，看法與今不盡同。因曾費過一番功夫，其内容或尚有足資參考之處，特印出以爲研究歷史及佛教史者之助，並藉此就正識者，以便將來之修改也。

　　　　　　　　　　　　　　　　陳　垣
　　　　　　　　　　　　　　　一九五五年十月

圖書在版編目（CIP）數據

中國佛教史籍概論／陳垣撰．—上海：上海書店出版社，2023.8
（陳垣著作集）
ISBN 978-7-5458-2313-4

Ⅰ.①中… Ⅱ.①陳… Ⅲ.①佛教史－史籍－概論－中國　Ⅳ.①B949.2

中國國家版本館 CIP 數據核字（2023）第 149367 號

責任編輯　顧　佳
封面設計　汪　昊

陳垣著作集

中國佛教史籍概論

陳　垣　撰

出　版	上海書店出版社
	（201101　上海市閔行區號景路 159 弄 C 座）
發　行	上海人民出版社發行中心
印　刷	蘇州市越洋印刷有限公司
開　本	889×1194　1/32
印　張	6.25
字　數	74,000
版　次	2023 年 8 月第 1 版
印　次	2023 年 8 月第 1 次印刷

ISBN 978-7-5458-2313-4/B.128
定　價　52.00 元